U0724875

南京稀见文献丛刊

# 万石斋灵岩大理石谱

（民国）张轮远 著

点校 卢开刚

南京出版传媒集团
南京出版社

图书在版编目（CIP）数据

万石斋灵岩大理石谱 / 张轮远著 . -- 南京：南京
出版社，2020.5
（南京稀见文献丛刊）
ISBN 978-7-5533-2827-0

Ⅰ.①万… Ⅱ.①张… Ⅲ.①山－地方志－苏州
Ⅳ.① K928.3

中国版本图书馆 CIP 数据核字（2020）第 052391 号


丛 书 名：南京稀见文献丛刊
书　　 名：万石斋灵岩大理石谱
著　　 者：（民国）张轮远
出版发行：南京出版传媒集团
　　　　　南 京 出 版 社
　　社址：南京市太平门街 53 号　　　　　邮编：210016
　　网址：http://www.njcbs.cn　　　　　电子信箱：njcbs1988@163.com
　　联系电话：025-83283893、83283864（营销）　 025-83112257（编务）

出 版 人：项晓宁
出 品 人：卢海鸣
责任编辑：余世瑶　　杨传兵
装帧设计：王　俊
责任印制：杨福彬

排　　 版：南京新华丰制版有限公司
印　　 刷：南京工大印务有限公司
开　　 本：890 毫米 ×1240 毫米　　 1/32
印　　 张：7.25
字　　 数：142 千
版　　 次：2020 年 5 月第 1 版
印　　 次：2020 年 5 月第 1 次印刷
书　　 号：ISBN 978-7-5533-2827-0
定　　 价：32.00 元

南京出版社
图书专营店

# 学术顾问

茅家琦　蒋赞初　梁白泉

# 编委会

主　　任　　项晓宁
副 主 任　　卢海鸣
委　　员　　（以姓氏笔画为序）
　　　　　　卢开刚　孙伟实　孙维桢　吴福林
　　　　　　樊立文　薛　冰

丛书主编　　卢海鸣
统　　筹　　杨传兵

# 总　序

　　南京是我国著名的七大古都之一，又是国务院首批公布的 24 座历史文化名城之一。有将近 2500 年的建城史，约 450 年的建都史，号称"六朝古都""十朝都会"。南京的地方文献是中华历史文化资源的一个重要组成部分，是研究我国政治、经济、军事、文化和民风民俗的重要资料。为了贯彻落实党的十九大精神和习近平新时代中国特色社会主义思想，配合南京的经济发展与城市建设，深度挖掘历史文化资源，做好历史文献整理出版工作，不仅有利于传承、弘扬南京历史文化，提升南京品位，扩大南京影响力，也有利于推动物质文明、政治文明、精神文明、社会文明、生态文明协调发展。

　　长期以来，南京地方文献还没有系统地整理出版过，大量的南京珍贵文献散落在全国各地的图书馆和民间。许多珍贵的南京文献被束之高阁，无人问津，有的随着岁月的流逝而湮没无闻。广大读者想要查找阅读这些散见的地方文献，费时费力，十分不便。为开发和利用好这一祖先留给我们的文化瑰宝，充分发挥其资治、存史、教化、育人功能，南京出版传媒集团·南京出版社组织了一批专家和相关人员,致力于搜集整理出版南京历史上稀有的、珍贵的经典文献,并把"南京稀见文献丛刊"精心打造成古都南京的文化品牌和特色名片。为此,我们在内容定位上是全方位、多视角地展示南京文化的深层内涵和丰富魅力;在读者定位上是广大知识分子、各级党政干部以及具有中等以上文化程度的人;在价值定位上,丛书兼顾学术研究、知识普及这两者的价值。这套丛书的版本力求是国内最早最好的版本,点校者力求是南京地方文化方面的专家学者,在装帧设计印刷上也力求高质量。

总之,我们力图通过这套丛书的出版,扩大稀见文献的流传范围,让更多的读者能够阅读到这些文献;增加稀见文献的存世数量,保存稀见文献;提升稀见文献的地位,突显稀见文献所具有的正史史料所没有的价值。

"南京稀见文献丛刊"编委会

# 导　读

## 一、张轮远与《万石斋灵岩大理石谱》

　　江苏南京的特产雨花石和云南大理的特产大理石,都同属于天然的图案石(又称画面石或图纹石),都是被誉为"天赐国宝、中华一绝"的自然遗产。其玉质天章、千姿百态、五彩缤纷、优美纹理,鬼斧神工,都被古今中外人士所喜爱。雨花石和大理石,在古代都被称为文石,兼有石之纹理和石之文化的双重含义,历代文人雅士把玩、供奉、歌咏、图绘、撰著、立谱,将其演绎成中华赏石文化长河中一道靓丽的风景线。

　　雨花石和大理石的欣赏习俗历久弥新,因不同时代、不同地域、不同人群而意态纷呈,成为一种非物质文化遗产。南京先民欣赏雨花石的历史,可以远溯到新石器时代,北阴阳营遗址中就发现了76枚花石子(1993年3月文物出版社出版《北阴阳营——新石器时代及商周时期遗址发掘报告》)。自宋代苏东坡《怪石供》、杜绾《云林石谱》以来就开启以美启真、博古格要、寓意于物的赏石要法,又经明代米万钟、清代阮元等名家倡导,雨花石和大理石等文石

1

相继成为收藏、鉴赏对象。民国年间,雨花石和大理石欣赏再度火爆,出现了一大批重要的赏石专著。

张轮远所撰《万石斋灵岩大理石谱》即是其中的佼佼者。这是一部研究和鉴赏灵岩石(即雨花石)、大理石的专著,以石谱的形式,分门别类地介绍了雨花石和大理石的产地、矿物成分、成因、历史沿革,并详细论述了雨花石、大理石的形态、质地、色彩、纹理、呈像、命名、配饰等品鉴要素,以及真伪、优劣的鉴别及保管方法等。

张轮远(1899—1986)是天津著名藏石家,与同乡王猩酋并称"津门雨花石双擘",又与上海雨花石玩家许问石有"北张南许"(郑逸梅语)之誉。他以现代学人的身份介入赏石收藏研究活动,尤钟情于雨花石和大理石,前后搜集雨花石约三千枚,大理石屏百余方,旁及盆石、印章石、假山石等诸多石种,"所得者以万计""以藏石日多,遂署庋置之室为'万石斋'"。所以此书名为《万石斋灵岩大理石谱》。作者自信《万石斋灵岩大理石谱》:"庶可成一家言,与古之谱录、史志相媲美,而继《云林》《素园》,诸九鼎《石谱》之后也。"学者李一庵评价"此二谱,继往开来,世之雅怀高寄""其书自能为世之好古者所重"。津门诗坛领袖刘永清称赞"此谱考证搜罗之精到美富""诗卷长留天地间"。

《万石斋灵岩大理石谱》能成为承前启后、继往开来的经典名著,是因为它开创了科学赏石与艺术鉴赏相结合的先河,是现当代赏石文化之滥觞。

全书以现代科学为指导思想,从民国时期的赏石实践出发,在认真总结和反思历代雨花石、大理石鉴藏经验和不足的基础上,运用审美、心理、哲学、地质等社会和自然科学知识,构建起以形、质、色、纹,"四美"为主的鉴赏标准和理论体系,确定了现代科学赏石和艺术鉴赏相结合的新理论、新范式、新标准,在中国赏石史上具有里程碑的意义。此书自1948年刊行以来,先后被多次影印、翻印、抄录、节录,至今仍为赏石爱好者的案头必读之物。

《万石斋灵岩大理石谱》,全书分为《灵岩石谱》和《大理石谱》两部分。作者自叙道:"甲子岁曾有《灵岩石谱》之辑,草草成编,语多未尽。""乙酉初秋,河山幸复,重理旧业,又撰《大理石谱》一卷"。由此可知,《灵岩石谱》成稿于1924年,《大理石石谱》成稿于1947年,1948年将两谱修订并合成《万石斋灵岩大理石谱》一书,在天津自费刊印发行。

## 二、《灵岩石谱》简介及评价

灵岩石,即雨花石,因盛产于江苏南京六合灵岩山玛瑙涧(距离南京市区约70公里)而得名,又有灵岩子石、六合石、六合石子、玛瑙石、五色石、绮石、锦石等名称。其特征正如顺治六合县志《石圃》所云:"石之名灵岩者,质超于玉,透出于文。"明代万历年间(1573—1620),米万钟担任六合县令,簿书之余,觞咏于灵岩山,痴迷于玛瑙文石,邑令所好,风行景从。所以史称"灵岩石名,自米万钟始"。从科学角度看,灵岩石与雨花台石子,同属于雨花砾石层的观赏石。因灵岩山远在江北，交通不便，而雨花石声名鹊起，遂渐统称为雨花石。张轮远认为雨花台所售之优秀石子，虽然冠以雨花石之名，实则多为六合县灵岩山所产，所以他在本书中恢复使用了明代灵岩石的名称（为叙述方便，以下仍用雨花石名称）。

本书前六节，作者从癖石者心理入手，追溯雨花石（灵岩石）得名由来，概述雨花石的矿物成分，粗略梳理和评析了雨花石成因的几种说法，这些都为鉴赏理论的构建和赏石鉴评，做了很好的铺垫。作者对癖石心理的分析，从主体与客体，即人与物的关系出发，梳理归纳出十一种主要的赏石心理需求，指出至真、至善、至美为赏石之主流，尤其是"石中有画，画中有诗"乃弄石大旨，至今为赏石者所津津乐道。作者对"癖玲珑石子者，源于何代。而癖灵岩石子者，又始于何人"的问题，作了初步探索，因囿于当时所见材料，未能深入。1955年南京北阴阳营新石器时期遗址发现的76颗花石子（即雨花石），距今约6000年，这是中国乃至世界赏石文化起源的重要实物见证。这一发现，却迟迟没有得到赏石界的足够重视，实属遗憾。需要特别强调的是，"张轮远关于雨花石的成因说法，这是雨花石收藏界借助地质学等学科的成果，对雨花石来源所做的初步研究"。因为当时"地质学家就注意到雨花石的地层，以及矿物学、岩石学研究"，而真正意义上"与雨花石地质相关调查，还是始于在上世纪五十年代"。

此外，书中列举历代赏石名人，遗漏了不少重要人物，如元代郝经,明代冯梦桢、陈贞慧,清代孔尚任、宋荦、曹雪芹、刘鹗、汤濂、陈作霖,民国的陈矩等。

第七节至第十一节,作者阐述赏石原理,对形、质、色、纹四个核心要素做了相对科学、比较切合实际的定义,明确四者的内涵和外延,并按照人的视、触、知觉的先后顺序,结合当时赏石者的经验、体会,采用现代审美文化关系学的理论以及科学的思辨方法,全面深刻地阐述了形、质、色、纹在鉴赏过程中的区别与联系。形、质、色、纹四者的物理属性和自然特点,虽然不可混淆或相互替代,但是它们又是一个相互联系、不可分割的整体,具有美美与共、相得益彰的效果。所以,赏石时不仅要观察形、质、色、纹等客观上美好特点,又要把握四者之间搭配关系及呈现的整体审美效果,"若四者均相称,方为完美之石子"。同时,应突出审美重点,"色与文二者,其关系尤属重要,为研究灵岩石兴味之所萃,又为四者之主要部分"。注意综合考量,"既不可以一善之长而讳其短,亦不可因微疵弱点而弃其长",才能准确地判断石之优劣,求得一个比较客观的标准。

"灵岩石以色而著,以文而显,奇妙之点,固皆聚乎是矣。但再进一步更见奇妙者,则为象形"。象形无所不包,有形似,有神似,抽象的领悟尤需慧心独运,而审石命名,最能表现石之美好特点与内涵,也更能体现鉴赏者的赏石水平,甚至影响赏石活动的发展。作者从实践中提炼出"切实""典雅""扼要"三大命名原则,深得赏石之三昧,至今仍为爱石人所称道。

第十四节至第十九节,作者根据前述原理,结合自己的赏石实践,参照石界同行做法,按照大众审美心理需求和旨趣,提出了具体的鉴别方法、评定标准和把握重点。在鉴别上三品、中三品、下三品等三类九品的基础上,进一步细化为二十四品"就灵岩石各种特长之点,略分为二十四品。以有一种特长为一品,具两种以上者,以最优论,则灵岩石全体之优秀点,庶可一览无遗"。此外还介绍了配座陈列、藏石保存的具体方法,并以"答客问"的方式,阐明了赏石的意义。

在第二十节至第二十三节中,作者记述了雨花石收藏家的奇珍异品和奇闻逸事,以及自己的藏石经历、鉴赏体悟,为我们描绘了一幅民国期间雨花石的收藏活动的历史画卷。此后又节录历代有关雨花石的文献资料、诗词歌赋,既是作者研究和写作的可靠依据,又是后学者研究必备的参考资料。这一做法,亦为前人石谱、专著所未见。

### 三、《大理石谱》简介及评价

"云南有一怪,石头当菜卖。"大理石因产于大理而得名,大理因出产大理石而生辉。云南大理是我国开采大理石较早的地区之一,以点苍山(又称大理山、灵鹫山、苍山)十九峰(中和峰)出产为优。大理石以浑然天成的美丽花纹、图案名闻遐迩,列为地方特产、矿产和贡品,为历代文人雅士所青睐与咏赞,又有点苍石、天竺石、云石、贡石、文石、础石、仙石、石画、凤凰石等名称,后因宋代大理国的建立,渐约定俗成称大理石。明代地理学家徐霞客游历大理,盛称大理石奇异,甚至说:"从此丹青一家,皆为俗笔,而画苑可废矣。"曹雪芹《红楼梦》中也写到"贾母穿堂前放着紫檀架子的大理石屏风"。阮元任云贵总督时曾至点苍山访石,大理石因阮元《石画记》而声名愈盛。郭沫若曾诗赞大理石"苍山韵风月,奇石吐烟云"。近百年来,大理石被制成石画等各种工艺品,成为我国出口创汇的重要产品之一。

1945 年初秋,张轮远在修订完成《灵岩石谱》的基础上,又撰《大理石谱》一卷,对"潜光隐耀,至明季方流入中土,为昔人石谱所未及"的点苍山画面石(或称图案石),"详加论列,阐幽发微,使此湮没天壤间之奇物,显著于世,以供海内同好"。

大理石与雨花石同属于图案石,鉴赏原理大同小异,因而《大理石谱》着重就大理石的具体特点,进行有选择性的评述。雨花石丽质天成,有着纯粹的自然之美。而大理石的画面则需要经过开采、切割、发现、取材、压花、打磨、抛光、划线、入框、品题、命名、装饰等程序,才得以彰显,蕴含着天然和人文之美,可以说是天人合一的产物。

《大理石谱》共十八个章节,亦可分为五个部分。第一节至第五节概述大理石成因、矿物成分、欣赏历史,以及采掘与制作的过程,为人们认识和鉴别大理石提供了背景资料。

第六节到第九节,分别阐述大理石形、质、色、纹的分类原则与鉴赏重点。大理石可以根据图案内容和人的欣赏习惯,切割为圆、方、八角、扇面等诸多形式,以"周正、平薄为研究大理石外形之第一要义"。其质地分粗、细两类,以细石为佳,但"粗石一旦俨然如画",石之粗就变成石之美。

大理石的颜色,当先划为石质色、花纹色两类。石质色有白、灰、杂色三种。花纹色,古代仅以黑色显,今则愈出愈奇,以绿者为上品。作者认为:"大理石之景物,种类不同,浓淡异趣,各臻其妙,不能以颜色复杂为衡,其色以鲜润生动为上。"

当前大理石分类法较多,可以按照地质成因、有无花纹、主体色调、地质产出的单层厚度、结晶粒度、硬度等六种标准分类,以色纹分类最为普遍。点苍山所产大理石分为云灰、彩花、苍白玉,苍白玉又名汉白玉、础石,属纯色大理石,云灰(又称水花)和彩花属于花纹大理石。彩花按照色调不同,又细分为绿花(又称春花,呈绿色、深绿色)、秋花(泛黄色、褚褐色、赤色)、水墨花(黑色、淡黑色)三个品种。优美画面的水墨花,因资源少、开采难、蕴含非凡美学价值而珍贵,号称"大理石之王"。据大理藏家告诉笔者,自 2002 年实施苍山保护管理条例以来,大理石采矿点陆续被关。现在市场上的大理石一部分来自石友们以前的收藏,一部分是河底石(又称油画石),所谓河底石即河里的石头,特别硬,产于苍山西坡漾濞县的雪山河。

纹与色是构成图案的主要因素,大理石与雨花石一样,以色显,以纹著,以象形最为奇妙。"凡宇宙所最难描写之奇观,罔不兼备"。在山水、仙佛、人物、花卉、鸟兽、鳞介等六类象形中,以山水为最多,其中又以酷似米家山水者为人们所称道。纹与色构成物象,要集中、分明,有神韵,以惟妙惟肖为上。

第十节至第十五节,采取"凡遇一石,审其质,辨其形,察其色,观其文"的鉴评方法,把大理石分为三个等级。一是普品,质细腻,形平整,色鲜明,纹成景物。二是佳品,两面皆有美纹,景物位于石面中间,占据三分之二。三是精品,纹色天然成画,形神兼备,意境深远,如阮元所谓"乃造化所成,非笔墨所能者也"。此外介绍了大理石的真伪鉴别和装置欣赏。

第十六节现身说法,从自己收藏的百余块大理石中,选择较好的20幅,根据大理石鉴赏之原理,从质、形、色、纹、象等诸方面,概述其面貌,记述其来历,评定其等级,咏赞其画面之意蕴。

第十七、十八节,节录了历代大理石相关文献资料和诗词歌赋,也是历代石谱所没有的内容。

值得注意的是,文献资料中涉及大理石开采和欣赏肇始的部分,不尽准确。张轮远虽然保存了有关唐、宋"大理石"的一些记载,但他认定,大理石欣赏有案可查,始于明代。今人认为大理石开采最早可以追溯到元代,因为在大理发现元初用大理石刻制的石碑。

地质学家、清华大学教授冯景兰在 1947 年发表《大理之矿产》,文中写道:"据大理严又陵先生所作之《大理石考》,苍山大理石之发现及应用,始于东晋及南北朝之际,因其天然纹彩之斑斓,传送远近,视为珍品。"此说并无根据。明代李元阳在《大理府志》写道:"《唐书》:'贞元间,使崔佐时入南诏,盟于点苍山,即此。'山本青石,山腰多白石,穴之,腻如切脂,白质黑章,片琢为屏,有山川云物之状。"又称"世传点苍山石,好事者并争致之。唐李德裕平泉庄醒酒石,即此产也"。此说被后人广为引用,并推测大理石开采可以追溯到唐代,实则《唐书》只说到点苍山,并没说大理石。查李德裕自撰《平泉山草木记》,亦无大理产醒酒石的记载。明代《素园石谱》所绘醒酒石则为造型石,与大理石格格不入。

从历史研究维度看,大理石以《徐霞客游记》名,以阮元《石画记》显,以张轮远《大理石谱》著。阮元是清代大理石研究的集大成者,张轮远则是大理石鉴赏理论的开拓者。

## 四、张轮远赏石活动简介

张轮远,名曰辂,字轮远,后以字行,天津市武清区王庆坨镇人,生于清光绪二十五年(1899),卒于1986年。张轮远自幼聪敏好学,高小二年级考入天津私立南开学校读书。他与老师张皞如、同学周恩来等七人,1916年的合影,现存南开"周恩来同志青少年时代在津革命活动纪念馆"。值得注意的是,周恩来总理曾于1946年5月至1947年3月,在南京梅园新村工作。至今仍摆放在客厅的那碗五彩斑斓的雨花石,就是他与邓颖超工作之余,从中华门外雨花台上亲自所采,"宁静、明朗、坚实、无我,似乎象征着主人的精神"。张轮远在《回忆周总理在南开中学校》中亦写道:"轮远二字即系皞如先生所赐,周总理亦极赞许,迄今用之,以示不忘师尊诲育之恩焉。"在校期间,他时为周恩来主编的《敬业》杂志撰稿,并曾担任校刊《南开思潮》主编。后被保送金陵大学,因不合心愿,乃返回故里,居家师从解省三先生学习古文辞,旋即考入北京大学,除认真学习法律外,更受教于国学名家吴北江和黄侃先生门下。积极参加吴北江支持的文学社,学业益大进。卒业后,考取司法官,入司法储才馆肄业。二年以司法官再试及格,先由司法部派往太原、石门、北平等法院任地方推事及检察官,后调天津高级法院任推事,由于为人耿直、办事公道,有"清廉勤慎"之美誉,成为当时天津司法界名人。友人刘云孙著文称赞张轮远:"远之为人,介而通,韫而明,质而文,涅不缁而磨不磷,性与石近。"又有诗咏:"主人坦荡敦诗书,品学浊世无其匹。"于公务之暇,枕石高歌,把卷吟诗,一吐心中之块垒。"七七事变"后,他即托病告归,抗战期间隐迹杜门,致力音韵学、诗词、赏石的研究。1949年后接受社会主义思想改造,后又遭十年"文革"浩劫,几经抄家,所有诗文稿件、笔记以及珍藏大理石等丧失殆尽,唯雨花石因置于垃圾中而幸免于难。改革开放后曾撰写

《十年浩劫记》，警示后人。

　　张轮远既好石，又爱书擅诗。李国瑜在序言中写道："余友张子轮远读书、读律之余，搜庋奇石，数十年于兹矣。酷嗜灵岩、大理，所得者以万计，每终日摩挲，不知他事，盖深契于焚香静对，一洗人间肉飞丝语境界。"他与诗人、小说家刘云孙、张一桐、李一庵、李石孙、刘云若等过从甚密、时相唱和，辑有《南郊纪游诗》二百首，其余杂诗数百首。张轮远不仅以诗咏石，而且以诗品石，借鉴司空图《二十四诗品》，将雨花石划为 24 个品类，分别赏鉴，给人以耳目一新之感。他藏书亦富，分门别类，以紫檀书柜存放。所居天津十区岳阳道庆华里三层小楼，友人有诗赞誉"此地有山皆入画，一楼无处不存书"，现整修为张轮远故居。张轮远自撰"曾拥图书逾万卷，幸随顽石共春秋"一联，请天津书法家哈墨农书写，悬挂室内，以为自勉。20 世纪 80 年代油印出版《张轮远传略附自寿唱和诗词选》，分赠亲朋好友。1980 年 5 月，张轮远被聘为天津文史馆馆员。另著有《余霞集》未及出版，临终前留《绝命词》一首："渺渺茫茫万里云，亲朋不复得为群。平生自问无他扰，惟有《余霞》一累君。"

　　张轮远以学人身份介入雨花石、大理石收藏与研究，所著《万石斋灵岩大理石谱》获得广泛赞誉，被后人奉为圭臬，因而成为民国时期著名的赏石大家。他从听地理老师介绍雨花台，在同学手中初识雨花石开始，对雨花石发生兴趣。1916 年得到在金陵大学读书的兄长张信天所赠数十枚雨花石,"恒以供诸案头,有暇即把玩之,惟见其色艳而纹奇"。1918年"旅行南京,始得亲陟雨花台""遍山皆彩石,雨后尤鲜朗,乃搜剔于涂泥之中,并就山旁市石之肆选择,饱载而归"。但张轮远真正进入雨花石收藏与研究领域,得益于同乡雨花石收藏家王猩酋的启迪与交流。

王猩酋(1876—1948),名文桂,字馨秋、星球,别号净饭王、石器猿人,天津市武清县王庆坨镇人,设立私塾,一生任教40年,以雨花石收藏著称,著有《雨花石子记》一书。张轮远得见王猩酋藏石,"自愧寡陋",遂引为知己,以师事之。张轮远多次委托好友代购雨花石,1923年6月重游金陵,盘旋雨花台等地,不惜高价求购佳石,并对雨花石名称、产地、分布、优劣等情况进行考察,发现"圆莹、细润诸佳品,盖采自江北六合县,雨花台无此石也"。

1924年秋,张轮远"集平日考证所得,并将神妙诸石,罗陈几案,目察心摹,笔之于篇,得十余章,名曰《灵岩石谱》",初步形成了雨花石鉴赏的总体框架。日寇侵华期间,"不特石多凋残,且伯氏久故,痴石诸友散亡殆尽"。有感于时世变迁、人生起伏,抗战胜利后,作者"浏览古今典籍,搜求关于灵岩石之资料",复"将现有存石,制为小谱,各赐以嘉名,并为之志",使此书结构和内容得到充实完善。与此同时,着手收藏、研究大理石,按照《灵岩石谱》的体系结构,撰写《大理石谱》,于1947年3月杀青,后将《大理石谱》和《灵岩石谱》修订合并成《万石斋灵岩大理石谱》,于1948年冬在天津刊印发行,以尽宣传中华瑰宝之职责。

张轮远的赏石,得到夫人李淑云的支持与参与,深得夫唱妇随之乐。李淑云有诗抒情曰:"记曾坦腹选羲之,字愧簪花敢作师。有暇闺中同玩石,玲珑心绪少人知。"张轮远夫妇育有二子一女。长子张绪缄、女儿张质默均毕业于聋哑学校,皆善绘事。张绪缄曾师从名画家陈少梅游学,1949 年后调故宫博物院工作,1974 年申请回天津就业,现已退休。《万石斋灵岩大理石谱》书前的雨花石画,即为张绪缄所绘。次子张绪峤,天津大学毕业后,分配在沈阳任工程师。女儿张质默原在天津工艺美术设计院,后调到北京第六玩具厂,亦已退休。

张轮远历经艰辛,癖石痴情不改。在诸多旧藏丧失之后,1979 年,毅然将幸免于难的珍藏雨花石割爱,捐献给北京地质部地质博物馆,以供展览。1986 年 4 月,张轮远被南京雨花石协会聘为名誉顾问。1987 年 10 月,北京地质博物馆和南京雨花石协会应中国历史博物馆之邀,在故宫端门外东朝房举办雨花石展,以万石斋所藏雨花石最为瞩目。2006 年 8 月,南京雨花台烈士陵园管理局雨花石博物馆,向张轮远在天津的后裔购得《万石斋灵岩大理石谱》一书和书前插图的 38 枚铜板印模。

"张君轮远,振奇人也",他用雨花石和大理石以饷知交,以一部精妙专著名垂石史。

## 五、点校本书的价值与意义

笔者因缘际会,在 2012 年参与制定江苏地标《雨花石鉴评规范》(DB32/T2532-2013)时,梳理历代赏石品鉴史料,经反复比较,发现《万石斋灵岩大理石谱》在历代赏石典籍中独树一帜,在西学东渐、提倡科学的民国时期独领风骚,是中国赏石史上具有划时代意义的著作,具有承前启后,继往开来的作用,历久弥新,至今仍为当代石界同仁所重视。

首先,《万石斋灵岩大理石谱》提供了全新的科学赏石的视角和艺术鉴赏理念。张轮远认为:"所谓科学者,凡智识之有统系,而能归纳之于原理者皆是也。"科学赏石,既涉及自然界实用科学,也涵盖哲学、史学、教育学、审美学等社会科学,而尤其要提倡审美学。这是作者的出发点和归宿地。

地质、矿物等自然科学工作者(如张更《雨花台之石子》、刘季辰、赵汝钧合著《江苏地质志》、冯景兰《大理之矿产》及袁见齐、朱熙人、郭令智合著《云南矿产志略》等),更多采用自然科学的研究方法进行赏石,阐述地质结构、分析矿物成分、探索形成原因等。历代文人赏石如陈矩《天泉石录》、王猩酋《雨花石子记》、章鸿钊《石雅》、阮元《石画记》、计成《园冶》等),则侧重于文玩、园林、美术的研究与欣赏方法,津津于文学的描绘、咏赞、石史的钩沉罗列、宗教的感悟励志等。张轮远研究赏石,是从雨花石、大理石的欣赏实践出发,采取将自然与人文相结合、历史与现实相结合、中国传统观念与西方现代意识相结合的办法,把赏石提高到哲学与美学的高度,贯穿着科学精神、思辨色彩和逻辑实证的力量,全方位审视中国赏石文化,建构起融自然与艺术于一体、兼传统与现代于一身的科学赏石理论体系,高屋建瓴,给人耳目一新之感。

张轮远在《万石斋灵岩石谱·自序》中写道:"立论尽依科学方法,并参考哲学、审美、心理、物理、矿物及考古诸家折中之说,使好此者得识灵岩石之源流、统系之大凡,文、质、形、色之条理及石品之优劣,不敢稍涉臆断,以自欺欺人。"对于雨花石和大理石品鉴构成要素的质、形、色、纹、象、命名、保存、展示等,作者都界定外延和内涵,形成科学定义和概念,寻找鉴赏规律和重点,从而使欣赏、研讨、品鉴、收藏活动更加科学和规范。

其次,本书制定了有史以来第一个比较科学、系统、可操作的赏石规范。他以科学方法,全面、深入和系统地研究雨花石、大理石的鉴评要素,建构起以形、质、色、纹物性因素为核心的鉴评标准,并指出形、质、色、纹四者既有区别又有联系,是不可分割的整体。同时,对形、质、色、纹的先后关系和鉴别重点也做了认真的研究,形、质为基础,色、纹为重点,是构成形象不可或缺的因素。据此,他将雨花石划成三个等级,二十四品,使后之来者可以按标定级,精准赏石。大理石在形状、质地、色彩上与雨花石有所区别,但是本质一致。"凡遇一石,审其质,辨其形,察其色,观其文。如其质细腻,形平整,色鲜明,纹成景物者,皆可取之材也。若两面皆有纹尤佳,而景物乃石之精英所萃,三乘之分,半在于此"。作者对所藏 64 枚雨花石和 20 幅大理石画逐一品鉴,印证了这一标准的可操作性。由此看来,无论是现今中国观赏石国标的形、质、色、纹、韵,还是雨花石界的质、色、形、纹、奇、巧、美"七字诀",或是质地美、色彩美、形体美、纹理美、呈象美、意境美的"六美",或者是美性、人性、形象性、独特性等"四性"等,无不受其影响。

最后是彰显了中国传统赏石文化的张力和含量。鲁迅先生有句名言:"有地方色彩的,倒容易成为世界的,即为别国所注意。"(《1934 年 4 月 19 日致陈因桥》)中国赏石之所以为世界所瞩目,就在于欣赏的习俗,始终植根于中国传统优秀文化之中,富有中国气派和民族特色。作者强调,雨花石"乃吾中华特产,他国所无,弃掷逦迤,毫不自惜,其如人笑我国内无人何?""大理石及其他文石,不仅大理产之,其他各国亦多有类似者,亦称之曰大理石。惟各处所产之石,或以石质见长,或以颜色称著,求其若大理所产之能具景物,淡雅宜人,且有无穷之妙者,则为他石所无。盖天地灵秀所钟,即谓为吾国特产,亦无不可"。有感于此,他殚精竭虑编此石谱,不仅是"以遣此有涯之人生",也是为使雨花石、大理石等"湮没天壤间之奇物,显著于世",更是"提倡天然美术及国粹之微意耳"。

作者在研究中,同样是以中国文化为本体,以传统古典赏石为主,借鉴矿晶、宝石等鉴评经验,继往开来,推陈出新。纵览全书,无论是开宗名义、谋篇布局,还是旁征博引、遣词造句,无不渗透着中国传统文化的基因。又如给石命名。作者认为,命名不仅制约石头的审美价值,而且考验赏石者的文化水平和鉴石眼光。所以,石名不仅要切实、扼要,更要典雅,要有中国传统文化特色。例如,作者自言"今更就灵岩石各种特长之点,略分为二十四品"和"选石只六十四,以符《易》数",这种借《二十四诗品》鉴评之法,以进一步细化雨花石的等次高低之分;以易经六十四卦之数,择取精品石之目,纪文咏赞的做法,虽未完全符合赏石实践,但也足见作者对中国传统思想和文化的重视。

## 六、关于点校工作

### (一)点校底本的选择

《万石斋灵岩大理石谱》现存如下几个版本:

1948年12月,《万石斋灵岩大理石谱》初版在天津问世。

1989年12月,天津市古籍书店出版《万石斋灵岩大理石谱》影印本。影印本纠正了初版的明显错字,删除了初版中原有的插图,增加了张轮远所藏十枚雨花石和两幅大理石的彩色图片,增加了内容介绍、出版说明、再版序言和贺诗、书法等。

1993年7月,上海科技教育出版社出版《说石》,其中辑录和影印了《万石斋灵岩大理石谱》绝大部分内容。

20 世纪 90 年代,南京市六合县档案馆张世民点校了《万石斋灵岩大理石谱》中《灵岩石谱》部分,易名《灵岩雨花石谱》,作为内部资料油印流传。

2008 年 10 月,中华书局出版由南京市六合区地方志工作办公室和档案局共同编著的《雨花石志》,其中辑录和点校了《灵岩石谱》的部分内容。

上述各版,同出一源。而且后出的影印本和节录点校本,不同程度地存在一些值得商榷的问题。天津古籍书店影印本改变了书中的插图,已不是作者初版的原貌。《灵岩雨花石谱》油印点校本,缺失了《万石斋藏石琐记二》一节。中华书局出版发行的《雨花石志》第二十三节《万石斋灵岩石子小传》只保留 64 枚雨花石的石名,具体描述全部省略。据我们了解,《万石斋灵岩大理石谱》出版以来,《大理石谱》卷至今没有点校出版。也就是说,本书至今尚没有一个完整的点校本。本次点校,以 1948 年 12 月作者初版本为底本。

## (二)点校整理中一些问题的处理办法

因本书现存各版实源于同一底本,所以整理工作,主要在于标点,同时参照其他相关资料,并征询天津武清和云南大理的文史、赏石专家,收集张轮远生前有关赏石信札、自传及咏石诗集等相关资料,实际考察六合灵岩山,对有明显错误之处进行纠正。现就底本存在问题及处理办法作如下说明。

### 1.引文错误或不当,更正说明

例如:《大理石赋·序》中写道:"自唐元微之《题石研屏》诗有'磷磷石屏上,浓淡树中分'之句。"本书内亦多次引用。经核查,此句实出于梅尧臣《广陵欧阳永叔赠寒林石砚屏》诗,非元微之诗。因阮元在《石画记·序》中误记,后人多引证沿用,流传甚广。

2.错别字、异体字等的改正与标注

对于错别字、异体字,缺字、漏字,以及可以确定的误字,随文改正。校改形式,是在错别字之后,以〔〕标出正字;在有缺字、漏字之处,则插入□,再以〔〕注明应补之字;对于衍文,也在其后〔〕内说明。如"其余不合矽酸之盐类及养化、绿化物等皆归此类"一句的矽〔硅〕、养〔氧〕、绿〔氯〕,均改正为规范用字。又如书中引《南中杂说》:"小者概不可用,大者又不能佳",经核查《南中杂说》原文,应为"小者既不可用,大者又不能佳",以"概〔既〕"作了标注处理。

3.目录标题与正文标题有差异,正文标题较为规范,故目录标题亦以正文标题为准,以求统一

例如,目录二十四之一标题"《图书集成·灵岩石说》",正文中标题为"《灵岩石说·图书集成》";目录二十四之八标题"姜绍书《灵岩子石记》",正文中标题为"《灵岩子石记·姜绍书〈韵石斋笔谈〉》";目录二十四之十标题"陈彬龢译、大村'螺子石'",正文中标题为"'螺子石'陈彬龢译、大村西崖著《中国美术史》"。显然,正文中标题更为规范。因为目录标题尚不影响阅读,所以保持原貌未改。

4.关于引文的两点说明

书中引文,往往并非照引原文,而时有文字增删之处。故本次点校,原则上对引文不做补充和修改,不加引号,只以逗号或者冒号点断,以使语意明确。例如:《大理访古记》中,第一节之后缺失一小段:"周尚理就石面文采,归纳为四类,各类又分为多品:(一)天文四时(二)山川草木(三)鸟兽(四)仙佛灵异。"又如:《癖灵岩石者历史考略》一节中,引用苏东坡《怪石供》"今齐安往往得美石"一句,查《怪石供》原文,"齐安"之后缺"江上"两字。再如,引《前尘梦影录》:"大理石,本唐之南诏洞中所产。"查《前尘梦影录》原文,应为"大理石,本《唐志》南诏洞中所产","志"误为"之"。《大理石产地》那一章附录的《点苍山志》,经核查原文,系辑录明代李元阳《嘉靖大理府志》之卷二"山川"部分,存在自立标题或者未加说明、抄录中存在省略字句等问题。如:"宋太祖按地图,以玉斧画大渡以西弃而不有,故宋臣作《洞天福地记》,南中见遗。"经核对原文,发现句末缺少"未得为通方之论矣",应为"宋太祖按地图,以玉斧画大渡以西弃而不有,故宋臣作《洞天福地记》,南中见遗,〔未得为通方之论矣〕。"又如《大理石史略》:前清《一统志》云:"点苍石出点苍山,唐李裕德平泉庄醒酒石,即为此产。"这段史料最早出自于明代李元阳《嘉靖大理府志》之卷二"胜览"部分:"唐相李德裕平泉庄命曰醒酒石,白侍郎命曰天竺石,好事者往往取为窗几之玩。"发现缺少"白侍郎命曰天竺石"的记载。

　　此类情况甚多,举此以见一斑。另外,作者在书中提到:"《灵岩石说》见于《古今图书集成·方舆丛编·坤舆典·石部杂录》,未著撰人姓名,究为何氏所著,尚须待考。"这一问题,目前已得到初步解决。经查阅清《顺治六合县志》和当地地方史专家考证,《灵岩石说》为明代万历年间六合县名儒孙国敉所撰。孙国敉与时任六合县令米万钟一样嗜石好雅,诗文唱和,从而使灵岩石名闻天下。谨亦在此作一说明。

本书点校工作得到薛冰先生的指导,南京出版社卢海鸣社长大力支持,余世瑶、杨传兵两位编辑精心编校,谨致以诚挚感谢!

亲爱的读者,如果我们能够穿梭于这本书的字里行间,真切地感受到雨花石、大理石绽放的生命姿态和彰显的文化力量,那么,雨花石和大理石必将真正走向全国,走向世界。

卢开刚[①]

---

① 笔名"石泉",现为中国观赏石协会科学与艺术顾问。

萬石齋 靈嚴 大理 石譜

民國八第一戊子冬日

蜀人向迪琮署

《万石斋灵岩大理石谱》书影

猩囚先生钧鉴 前奉

惠書敬悉一切已蒙荃察先生遠道以我輩之石

交言之以石伴卻此不過遂遨而已君任當年歟

絕不以此區區五蒼來為言耳

先生亦亦不當此區區之玉未時異勢殊言之于悅惟

尚有不能已於言者吾輩當面將

先生所不肯愛之石固增加劚政以即略暫時

之快意耳知

先生必另如行節事必竺无引揚冷一切均聽

鈞裁無不可口言也大觀及旅館均於先生之

No.

张轮远致王猩酋信札之一

令棍手也（作筌天喜見以不要扼押方為妙交時
此石外人不明我石甲申事也）前日為口头北平固
名贤我兩君十九致均係平時間有一農工兩者
此京一記收入惜不得分 先生共賞二弊由石
琴引動信魔日夜与燈下靜游天地假我十年以
讀書此生無遺憾矣畫此勒復即请
春安
張輪遠再拜 三月廿六日

（旁注：如蒙令棍聚絕不收存）
（小注：中式）

张轮远致王猩酋信札之二

寿石同志：顷蒙友人介绍获悉天津张轮远（建文）评石，他所著《石癖石谱》已援近科学论据为前所未道，并详石的分数分级全册分异岩（即雨花石）大理石研制作，并及历代石友历史和石品皆奉一册为今年国庆礼物，吾兄闻之当以先睹为快也。每册二元，以后见面附来与我可也。此致

敬礼

许问石 1965
国之前夕

许问石谈论张轮远的信札

# 总目录

# 《万石斋灵岩大理石谱》序[①]

　　昔之癖石者，多为石赋名。东坡仇池、雪浪、壶中九华，及海岳之砚山尚已。厥后，青莲舫绮石有远浦归帆、云峰古刹、峨眉积雪、莲花法相、玉鼎丹砂各目。研经室《石画记》有天际乌云、花坞夕阳、湘烟春霁、夏山欲雨、秋山黄叶等诸题咏，亦均能好事。绮石出于六合，石画则均为点苍所产,是石之可爱重，无出二地外者。余友张子轮远，读书读律之余，搜庋奇石，数十年于兹矣。酷嗜灵岩、大理，所得者，以万计。每终日摩挲，不知他事，盖深契于焚香静对，一洗人间肉飞丝语境界。或赏其色备五采，气若云水，较胜于吴装画法耳。今岁春夏之间，检点有关藏石旧稿，重为编整，成灵岩、大理二谱。并择石之尤者，为之赋名。最著者，灵岩之"三黄"，大理则为岱宗与华岳。复详考石之形、质、文、色，分列四科。上溯源流，旁及鉴别收藏之法，莫不精审详密，是又青莲舫、研经室所未及，《素园》《云林》诸谱不能专美于前矣。至谓石为无用

---

① 该序原位于书扉页后，《万石斋灵岩石谱·目序》之前，为便于仲用，调至此处。

之物，癖之者托之以发其胸中块垒，以无用之人，著此无用之书，则予尚有惑焉。嗟乎！不为无益之事，难遣有涯之生。人生贵适意耳。以石自适，犹逾于为官所腐，又何伤乎？且此二谱，继往开来，世之雅怀高寄，孰敢谓必无其人，其书自能为世之好古者所重，何必以无用名之也。噫！

戊子冬日一庵李国瑜谨撰。

# 万石斋灵岩石谱

（民国）张轮远 著

点校 卢开刚

南京出版传媒集团
南京出版社

南京稀见文献丛刊

# 《万石斋灵岩石谱》目录①

---

① 该目录在原书中位于插图之后，正文之前，为便于使用，调至此处。
② 该标题为点校者所加。

# 《万石斋灵岩石谱》自序

天下之人，莫不有所好，而天下之物，可供其好者不一。金珠玉帛，声色犬马，世俗之所好，固无论矣，即如花木鱼鸟，琴书文玩，何一非雅士文人之所好。兹吾皆舍而弗取，独癖乎灵岩石，何耶？噫！花木固有可乐，而岁有枯荣，甚且朝华夕殒，不无感慨系之，吾何取焉？鱼鸟亦可欣赏，而饲豢劳人，吾不愿形为物役。至于文玩，古香古色，令人意远，吾非不好之，但或有连城之价，又为力所不逮，且怀璧其罪，或贻后世忧。钟期不遇，焉足以言琴？祖龙坑儒，藏书又将何益？总此数端，雅士文人所好者，非吾所不屑好，或不愿好，即为吾所不敢好也。若夫灵岩石，与宇宙同其造化，不养而成，不劳而致，贱同瓦砾，弃若泥沙，无荣枯之感、饲豢之劳，世人所不屑道，雅士文人所不屑顾者，吾独取而有之，人或鄙笑不暇，何虑怀璧？是吾之所好，乃为人所不争，更不患其为豪夺势取，或弃我而就权贵。况石之为物，"磨而不磷，涅而不缁"，吾之寿命有时而尽，爱憎有时而移，而石则始终如一，坚贞沉静，孤高介节，尤足增我发敬之心。赵季和尊之为良友，与余有同心焉。至其文、色之美妙，皆出自天然，精如鬼斧，妙似神工，群芳不能喻其艳，锦绣何足比其容，可谓兼人间之至色，备天地之神奇，心领神会，色受魂与，以为世间无有媲美于灵岩石者。且优秀之品，形、质既异，文、彩亦殊，万变千奇，无一重复，备无穷无尽之妙，使好之者有"瞻之在前，忽焉在后"欲罢不能之感，故乐而忘倦，愿与之终身游。至世俗之毁誉，非所计也。岂古云"大惑不解，大愚不灵"，为我好灵岩石之谓欤。癖之既深，因而时与友好，品评其文、色，详论其形、质，默究其源流，考其类列，数年于兹，不独兴趣之盎然，亦因之略有所悟。尝考古之玩好，多有研究专书，如《金石录》《养鱼经》《砚史》《墨志》《琴操》《菊谱》等，不胜枚举。至于石类，只有宋《云林》、明《素园》、清诸九鼎《石谱》之著，而所论皆园林、几案陈列之山石，又仅仅标别品流、稽核地产，对于灵岩石，惜均略焉不详，简而寡要，不能作专门研究之门径，岂非好灵岩石者一大憾事？甲子初秋，天气新凉，夜长无事，因集平日考证所得，并将神妙诸石，罗陈几案，目察心摹，笔之于篇，得十余章，名曰《灵岩石谱》，立论尽依科学方法，并参考哲学、审美、心理、物理、矿物及考古诸家折中之说，使好此者得识灵岩石之源流、统系之大凡，文、质、形、色之条理，及石品之优劣，不敢稍涉臆断，以自欺欺人，或为鉴别灵岩石时之一助欤！但余身处燕北，见闻隘陋，关山多阻，得石非易，井蛙之见，不免为识者笑耳。世人倘与我有同癖者，能续而广之，庶可成一家言，与古之谱录、史志相媲美，而继《云林》《素园》、诸九鼎□□□□〔《石谱》〕之后也。是为序。

甲子八月十二日雍阳轮远张曰辂识。

# 题　词

## 《石谱》编竟自题二绝句

石言晋国或冯〔凭〕之，师旷堪称王者师。谱石我疑通石语，秋虫吊月有谁知。其一

闲人岂是等闲人，九华壶中暂避秦。一卷残编一拳石，风潇雨晦独伤神。其二

## 题外子《灵岩石谱》二绝句即次原韵

### 张李淑芸

记曾坦腹选羲之，字愧簪花敢作师。有暇闺中同玩石，玲珑心绪少人知。其一

纵不能言也可人，锡封合并虢兼秦。阿侬拟向娲皇说，补就情天始是神。其二

### 琴湘李金藻

石丈石兄岂戏之，何如黄石自然师<sub></sub>主人得一黄石，上有公字。怪哉真好真难解《平原草木记·跋》，试问奇章知不知。其一

石室传经大有人，天教逃石《水经注》看亡秦。云林宝藏多文石瑞，石虽不能言亦自神。其二

### 猩囚王囗〔馨〕秋

举步荆榛无所之，君能谱石亦吾师。以形大小编成队，仿佛行兵不易知。其一

石交更少第三人，争大时还类晋秦。何日倾囊同一决，搜奇选胜奋精神。其二

### 云孙刘赓尧

袖中东海米家船，虹贯沧江月满天。曾听生公来说法，娲皇补漏是何年。其一

孟光案头一杯水<sub></sub>轮远夫人李淑芸有林下风，亦好石，自乐其天养性真。四座生云山入户，山中可有避秦人。其二

### 佩臣许钟璐

石画斋荒孰继之，芸台余韵亦堪师。奇章品第香山记，风雅犹存几旧知。其一

珠玑数百伴诗人，九色还疑出大秦。况有斜川一枝笔，粼粼满幅为传神。其二

### 巽言王祖绎

圯下相逢黄石公，子房进履仰高风。君家轶事成新谱，更爱题词七字工。其一

一声叱起尽成羊，其质粼粼品最良。留与诗人谁癖好，请看今世米襄阳。其二

### 容甫杜涵

沧桑换劫欲何之，归去来兮作我师。镇日陶然无个事，清风明月两相知。其一

一楼珍玩属诗人，何必寻幽赴大秦。满目玲珑看不尽，纵然半面亦传神。其二

前身君是米襄阳，今日重来既翕堂。劫后余尘堪啸傲，尚留精石伴诗囊。其三

仙鬟黛色列窗前，气象终朝变万千。咸识主人搜集苦，是楼名望定能传。其四

### 仲文张星藻

滔滔皆是欲何之，静室潜修拜石师。镇日无言相晤对，此心惟有石头知。其一

炼石时期未有人，不知三代不知秦。自从误出荒山后，备历沧桑更怆神。其二

### 卓沄程庆章

张骞凿空欲何之，穷得河源是导师。见说支机银汉古，世间惟有君平知。其

小山丛桂足留人，著论无心拟过秦。玩石何须征石谱，小坡今与石传神世兄能画，即用东坡《题过所画枯木竹石》句。其二

吉光一一品题之，黄石公真帝者师。如此嘉名谁肇锡，点头一笑结心知。其三

泉石膏盲〔肓〕信有人，直追巢许薄仪秦。和陶颇自得陶意，爽爽新诗妙入神。其四

### 洁尘黄禄彭

石家支派细分之，修谱人如说法师。顽质一朝闻妙谛，点头表示亦心知。其一

窃将太璞比完人，火避昆冈乱秦避。名士文心精格物，贤郎画笔更传神。其二

### 蔚青井守文

顽石非顽孰化之，生公法力是吾师。无言终胜多言者，人世炎凉只自知。其一

方圆雕琢任他人，年代难稽汉与秦。何若块然一混沌，不开灵窍不劳神。其二

### 一庵李国瑜

横流沧海莽何之，黄石公真是我师。一卷《素园》堪继美，只求娱悦不求知。其一

拜时具笏思颠米，鞭处成桥异暴秦。奇语移山比双井，谁言牛斗不能神。其二

### 作孚韩世型

余欲无言传有之，石言于晋兆兴师。研山海岳自珍惜，尽有高情人不知。其一

君诗雅不袭前人，文亦高瞻等汉秦昨过高斋，得读谱序。万石玲珑谁绘得，贤郎下笔见精神。其二

### 侠甫崔酿泉

圮桥一去竟何之，从此人间少帝师。今日小斋重托足，可曾秘录付相知。其一

诗室峰峦拜丈人，纵横时局付仪秦。石经著罢无余子，笔底烟云倍有神。其二

### 啸秋李鸿文

藏书藏石两兼之，石可呼兄亦可师。坐据书城容啸傲，孤踪那许俗流知。其一

同是沧桑劫里人，桃源何处避强秦。羡君万石斋中卧，枕石高歌泣鬼神。其二

### 兵农于公稼

崎岖世路欲何之，攻错他山足可师。煮石尚堪供果腹，疗饥妙术少人知。其一

子遗六国报韩人，力士椎曾警暴秦。不待圮桥传秘术，华阴山鬼早通神。其二

### 尚一陈邦荣

自从黄石传书后，千古何人识子房。供养云山纷在目，小楼一角是仙乡。

### 一桐张豫骏

彷徨岐路欲何之，堪羡圮桥自得师。万卷罗胸杯在手，旷怀宁待世儿知。其一

磊落嵚奇可笑人，每将掉阖薄仪秦。品题胜下襄阳拜，隽语能传万石神。其二

谁为为之孰致之，枕流漱石有余师。何年恨海衔填满，输与劳劳帝女知。其三

希踪泉石避秦人，差喜明时不是秦。对语韩陵托微讽，江南赋罢转伤神。其四

### 鼎文李鼐

张郡雅嗜惟耽石，拟奉生公作本师。世外风云随往复，壶中况味个中知。其一

石不能言最可人，不知有汉不知秦。补天填海浑无迹，谱写玲珑笔有神。其二

### 正荪孙学曾

挟山和仲欲何之，出袖襄阳癖可师。纵不能言能破寂，此情难遣俗人知。其一

同志闺中更有人，羲娥不待说游秦。绣余题句添佳话，妙格簪花写洛神。其二

### 石孙李大翀

司理高风继释之西汉廷尉张释之，清怀雅韵是吾师。廉贞自与石同性，未要区区世上知。其一

奇石移情似美人，天然古物异周秦。子瞻怀抱元章癖，逸韵传流更有神。其二

### 凤孙顾训贤

江湖满地欲何之，吴下名园忆网师。且向卷中寻石友，大都踪迹我能知灵岩、雨花均在敝乡。其一

结习如君更几人，好参仙掌入三秦华山以石胜。不知圯上经过处，黄石于今可有神。其二

### 靖远张国威

无意廷平继释之，米颠雅拜信堪师。羡公谱石非多事，丘壑胸中只自知。其一

独山之嵓号仙人见《水经注》，有女为石记在秦《抱朴子》秦女为石。远绍东坡与海岳，怀奇蓄变真通神。其二

### 轶伦杨鸿飞

说法高僧静不哗，缤纷天上雨奇葩。至今台畔灵岩石，犹作斓斑五色花。其一

万石斋中奇石多，主人雅兴日摩挲。如椽大笔惊风雨，应有蛟龙为护呵。其二

### 子久赵继恒

岁朝何处论襟期，万石斋中遇所思。气韵纵横石上画，云烟缥缈画中诗。其一

叠叠高峰映碧流，烟岚水色石中收。人能悟得其中趣，确胜寻山万里游。其二

## 水龙吟

### 君素姚训祺

唐张文瓘及四子皆为二千石，人称为万石张家。今轮远藏奇石甚富，有石屏、有盆石、有印章、有文石、有假山，无不精妙。斋名"万石"，潘龄皋所题也。时正撰石谱，尝以稿见示。丁亥闰月望，招饮斋中，遍观群石，既饫郇厨，又饱眼福，因倚声谱成此阕，即题其近成之石谱。

袖椎东海归来，悠然避世耽泉石。郁林戴到，韩陵对语，安排几席。黛染晴岚，光分暖翠，劫余应惜。自坡公供后，米颠拜罢，玲珑甚，夸奇迹。

况是主人好客，共登临高楼百尺。品题订课，商量修谱，补天无役。纵不能言，却堪入画，别饶风格。傲君家文瓘，千秋佳话，认书斋额。

面背公石黃　　　　面前公石黃

萬石齋藏靈巖石圖一

竹岡黃　　　　　霧雲山黃

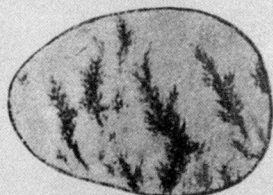

影疏香暗　　　　紅點一

萬石齋藏靈巖石圖二

上清仙境

柴門雪夜

周郎赤壁

探海石

寒松覆雪

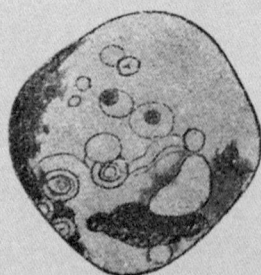

生公說法

萬石齋藏靈巖石圖三

朝陽鳴鳳

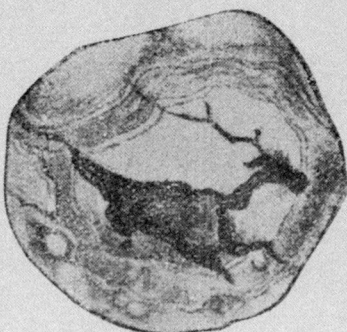

鹿逐中原

月裹蟾蜍

百獸之長

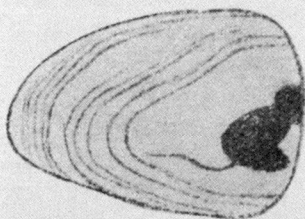

貼鼠之齋

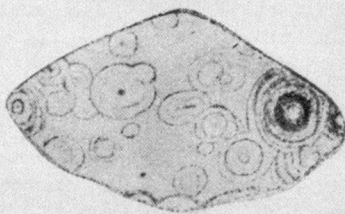

琴高石鯉

# 萬石齋藏靈巖石圖四

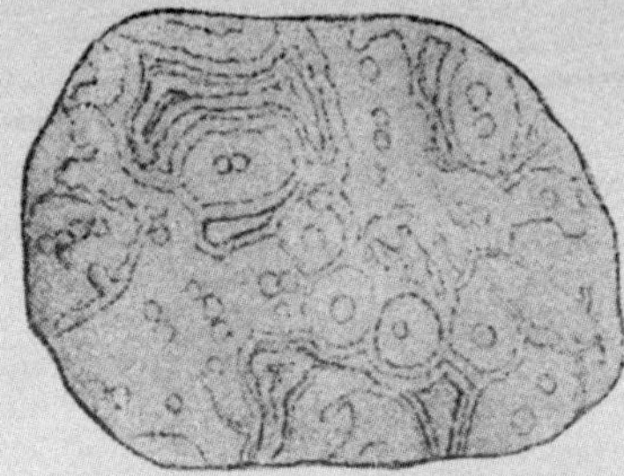

創世輿圖

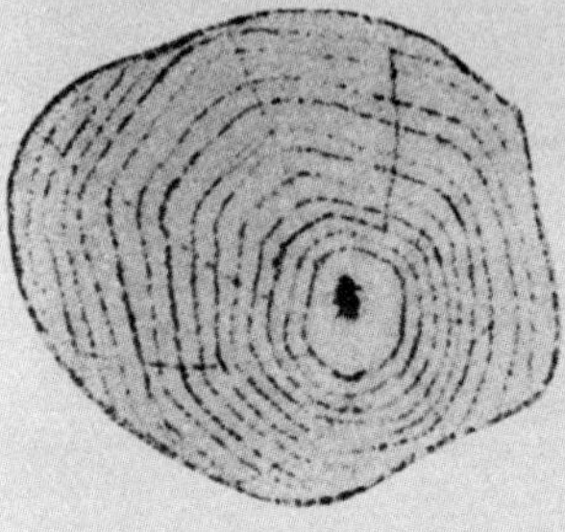

蜘蛛結網

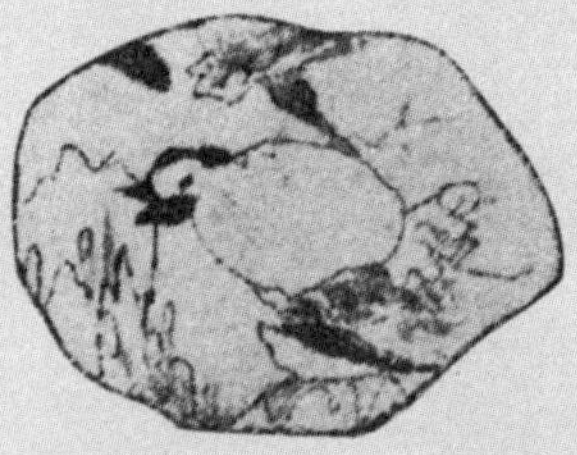

雞鳴天上

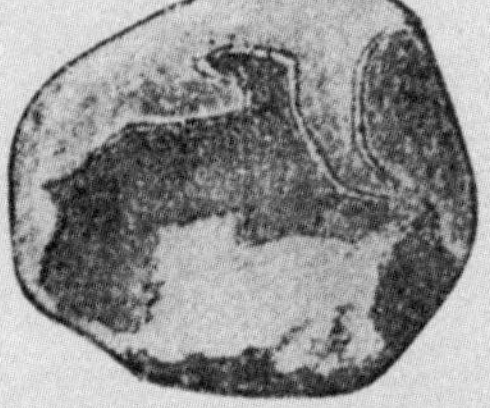

狸奴造像

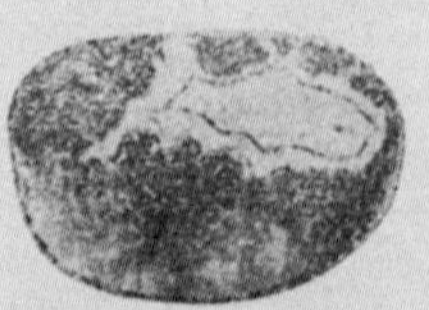

翠藻赤鱗

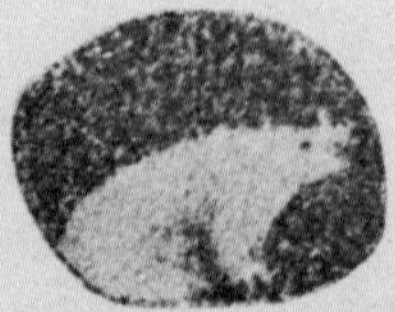

林中白熊

慎言張緒緘繪

華嶽三峯

行有恆堂雙石屏

萬石齋藏大理石圖一

萬石齋藏大理石圖二

積雪　荒山　之石　石中

夕照　湖山　在望　白雲

萬石齋藏大理石圖三

頓翠 浮嵐　天台 探藥　春山 如笑 谷口 鶯聲

江村 雨霽　奇峯 獨秀　絕島 驚濤　碧落 橫雲

萬石齋藏大理石圖四

隴 一 蕩 匯

雲 看 坐 獨

慎言張紹緘攝

斯石闻係前清
某貝勒府故物
。奇品也。流
落市上。因價
昂力未能購。
寐馈思慕。未
嘗一日忘懷。
壬申春竟獲此
石照片一帧。
恐有遺失。因
製板以供同好
。輪遠誌

著者肖像

# 万石斋灵岩石谱

雍阳张曰辂轮远著

## 一、癖石者之心理

癖者,嗜好之病也，或曰嗜好偏也。《晋书·杜预传》："预曰：'王济有马癖，和峤有钱癖，臣有《左传》癖。'"然则，癖石者亦嗜好之偏耳。其何为而癖石？及其病源安在？心理如何？兹略举历代诸家之说，列之于下，以资研讨。

（一）适意而已。唐白香山《太湖石记》曰："古之达人皆有所嗜。元晏先生嗜书，嵇中散嗜琴，靖节先生嗜酒，今丞相奇章公嗜石。石无文无声，无臭无味，与三物不同，而公嗜之何也？众皆怪之，我独知之。昔故友李生名约有云：'苟适吾意，其用则多。诚哉是言，适意而已。公之所嗜，可知之矣。'"此说盖谓癖石者，不过自适其意也。

（二）爱其瑰奇。宋孔传曰："天地至精之气，结而为石，负土而出，状为奇怪，或岩窦透漏，峰岭层棱。凡弃掷于娲炼之余、遁逃于秦鞭之后者，其类不一，至有鹊飞而得印，鳖化而衔题，叱羊射虎，挺质之尚存，翔雁鸣鱼，类形之可验。怪或出于《禹贡》，异或陨于宋都。物象宛然，得于仿佛，虽一拳之多，而能蕴千岩之秀。大可列于园馆，

33

小或置于几案，如观嵩少，而面龟蒙，坐生清思。故平泉之珍，秘于德裕，夫余之宝，进于武宗，皆石之瑰奇，宜可爱者。"此说盖谓癖石者，系爱其瑰奇也。古今之癖石者，强半多具有此种心理。

（三）仁者之意。孔传又曰："圣人尝曰：'仁者乐山。'好石乃乐山之意，盖所谓静而寿者，有得于此。"此说盖谓石出于山。生万物而不私，育群物而不倦，出云导风，天地以成。有似夫仁人志士，故仁者乐之，癖石乃其遗意也。

（四）尤物移人。明黄经序《素园石谱》曰："物必有尤，好因而痼。自政和主人量土绣木，穷致园林，于是岩身湖骨，搜剔弥工。然其所辇而致者，以千金之直、万夫之力，而不足当艮岳枝莲之用。至若玲珑半峦，苍翠盈把，屏几可设，怀袖堪携者，则又时遁迹金堂玉案之外，以供高瓘介癖之目，流传图绘，色色超绝，遂使好事之家，贱琅琚而轻拱璧。"此说盖谓石为尤物，能使人移情，而嗜之成癖也。

（五）中有禅意。明林有麟曰："于素园辟玄池馆，供礼石丈，而三吴之残崖断壁，崭崿窿坳者，稍具焉。雨深苔屋，秋爽长林，风入稜波，哀玉自奏，一篇隐几，筦而不言，一洗人间肉飞丝语境界。余尝谓法书、名画、金石、鼎彝，皆足令人自远。而石尤近于禅，生公点头，箭机莫逆。而南宫九华，谓可神游其际。此老颠书，纵横千古，或从此中悟入。虽然九州之外，复有九州，五岳一拳，犹可芥纳。

若作是观，则齐安小儿江头数饼，已具有嵩、华、衡、岱微体矣。"此说盖谓癖石者，层峦叠嶂，芥子可纳，别有会心，乃由于禅悟也。

（六）学古高致。清诸九鼎自序《石谱》略云："古人如米元章、苏东坡多有石癖，至今犹思其高致。予所交好亦多有石癖。今入蜀得石子十余，皆奇怪精巧。后于中江县真武潭又得数奇石，乃合之为《石谱》。见余好尚，自不愧古人也。"此说盖自谓其之癖石，不愧古人高致。语虽近于自负，然世之有别好者，必非抗尘走俗之人所肯为，亦不能为也。

（七）寄托不平。明胥自勉论米友石嗜石曰："昔元晏先生嗜书，嵇中散嗜琴，靖节先生嗜酒，仲诏先生独嗜石，亦其胸中磊块，李白所谓：'五岳起方寸，隐然讵能平。'者耶。"此说盖谓米友石之癖石，乃其胸中不平，以石寄意也。

（八）自亦不解。宋叶梦得《石林》记载："好石良是一癖，古今文士，每见于诗咏者，未必真好也。其好者，正自不能解。余绍兴间春官下第归，道灵璧县，世以为出奇石。余时卧病舟中，闻茶市多而求售，亟得其一，价八百，取之以归。探所有仅得七百金，假之同舍，而不觉病顿愈，夜抱之以眠。知余之好石，不特其言。自行此壑，剞剔岩洞与藏于土中者，愈得愈奇，今岩洞殆十余处，而奇石林立左右，不可以数计，心犹爱之不已。"此说盖谓其癖石，只知其之可爱而爱之不已，自亦不知其所以爱之之故，岂所谓与石有宿缘者耶。

（九）极游遨之趣。清梁九图《十二石斋记略》载："客有过余而言者曰：'今吾子舍富贵不取，乃栽花莳竹，咿唔吟讽，庭罗众石，寂对神怡，摩挲抚弄，若有所得，抑何怪耶？'余曰：'唯唯否否。吾闻米元章之于石也，呼为兄矣，邝子湛若之于石也，易以妻矣。余石十二，而峰峦、陂塘、溪涧、瀑布、峻坂、峭壁、岩壑、磴道，诸体具备，览于庭，则湖山胜概毕在目前，省登蹑之劳，极游遨之趣，余自乐此，客无诮焉。'"此说盖谓石有湖山胜概，可以极游遨之趣，而癖之者也。

（十）尊为师友。清赵尔丰《灵石记》载："余癖石，性也。友人曰：'何取乎而癖若是？'余应之曰：'石体坚贞，不以柔媚悦人，孤高介节，君子也，吾将以为师。石性沈静，不随波逐流，然叩之温润纯粹，良士也，吾乐与为友。安为无所取？'友人闻之，一笑而罢。"是说盖以石为良师友，用愧浇季之颓风，亦有慨乎而言之者也。

(十一)画中有诗。石友王猩酋《雨花石子记》载："轮远以心理学探余好雨花石会心处。余直告之曰：'画中有诗，是弄石大旨。'"此说盖以石中有画，而画中又有诗，乃癖之。尚为前人所未曾道及者。惟天然画图何止乎石？岂未曾遍游名山大川有所恨乎，且灵岩之妙，此亦不足以尽之也。

综以上诸家之说，略可窥见癖石者心理之梗概。灵岩与他石，大小虽殊，形态互异，而癖者心理旨趣之不同，亦不外如上分列之所述，其同为嗜好之病则一也。无论具有何种心理，既有偏好，均足致膏肓成痼疾。但疾病大抵多乘虚而入，而佳境亦由此而生，于酒酣茶熟香温之际，或出诸怀袖，或罗置几案，不独具有缤纷绚烂之形，其神妙处更有飞腾变幻之态，令人神游其间，冥冥中不知其几生修到也。

## 二、癖灵岩石者历史考略

古之癖于石者多矣，但癖玲珑石子者，源于何代？而癖灵岩石子者，又始于何人？其癖之深且痴者，又以谁为首？此不可不追溯往古，一究其历史。盖凡有此癖之人，乃我之先导良师，应馨香崇拜者也。兹将寻绎所得，略述如下，尚希同癖之士，有以正之。按历代记载，癖石子者，似以春秋时代宋之愚人为矫矢。据《阚子》载："宋之愚人得燕石于梧台之东，归而藏之，以为大宝。周客闻而观焉。主人端冕元服以发宝，革匮十重，缇巾什袭。客见之，胡卢而笑曰：'此燕石也，与瓦甓不异〔殊〕。'主人大怒，藏之愈固。"此事蒙〔朦〕胧，有杜陵牵牛织女之惑，但宋人之愚诚，良可为法。

其次，则为宋之苏东坡。东坡《怪石供略》载："《禹贡》：'青州有铅、松、怪石。'解者曰：'怪石，石似玉者。'今齐安往往得美石，与玉无辨，多红、黄、白色，其文如人指上螺，精明可爱，虽巧者以意绘画，有不能及，岂古所谓怪石者也？小儿浴于江时，有得之者。既久，得二百九十有八枚，大者兼寸，小者如枣、栗、菱、芡。其一如虎豹之首，有口、鼻、眼处，以为群石之长。又得古铜盘一枚，以盛石，挹水注之粲然。而庐山归宗佛印禅师适有使至，遂以为供。"按：齐安属今之湖北黄州。生于斯、蒇于斯者不知凡几，均不知此间有神奇之石，而苏公一履斯土，竟能独具只眼，识拔石子于庸夫俗子之手，岂非癖石子者之先进乎？惟苏公虽癖石子，而所得则非灵岩石。

然则，癖灵岩石子者，究始于何人乎？予意舍宋之杜季阳莫属。季阳者，杜衍之孙，平生好石，著有《云林石谱》，其记六合石略云："真州六合县水中或沙土中出玛瑙石，颇细碎，有绝大而纯白者，五色纹如刷丝，甚温润莹澈。"季阳生于宋绍兴间，后东坡无几时，其较东坡为更进一步，并认识六合县之石子而癖之矣。六合石之名不见于前代，至杜季阳时始表而出之。若季阳者，称之为癖灵岩石之第一人，谁曰不宜？惟灵岩石者，石中之尤物也，至宋代始著于世，往昔记载散亡钦，抑物之显晦亦有时耶，何其湮没无闻如是之久也。兹遇季阳，当为我石庆矣。

后世癖灵岩石最深，足继季阳者，则为明之米友石、林有麟、姜绍书三人。米友石，名万钟，闽〔关〕中人，籍顺天，万历进士，平生蓄奇石甚富。万历丙申官六合县县令，见灵岩文石，诧为奇观，又特具只眼，善于激赏，自悬高价，十目罗之。当时该邑之收藏家，均割爱献琛，以庆石之得主。而荷锸之徒，以邑令所好，更斫山斧鑿，采之重渊，于是源源而来，多多益善。一片玛瑙涧之奇石，均入米令手中。而米友石之癖石也，每亲自品题，终日不倦。或清谳示客，以次荐目，激赏移时，授简命赋乃已。并图其所藏石子为一卷，胥自勉曾为之记，流传至今，脍炙人口，惟其图已散佚无存，不可考矣。欧阳永叔曰："物聚于所好，而常得于有力之强。有力而不好，好之而无力，均不足以致之。"若米令者可谓好之而有力者已，空前绝后，集灵岩石之大成。惜其石子终不能越乎聚散之理，一生心力之所聚，今竟片石无存，良可慨耳！

林有麟，系松江华亭人，字仁甫，官至龙安知府，有米令之癖，将其所存六合石，绘之于《素园石谱》，各有品骘，并识佳名。时携至青莲舫中，把玩竟日，欣然会心。此君石子虽不及米令之多，但观其图，均系精品，而竟日把玩，欣然会心，其癖之深，亦不亚于米令也。

姜绍书，丹阳人，号二酉，尝为南京工部郎。其《韵石斋笔谈》自记云："余性好石，尤好灵岩子石。此石出灵岩山之涧中，而聚于金陵。余屐齿每及雨花、桃叶间，必博访其上乘者，贮之奚囊，携归以古铜盘挹水注之，日夕耽玩，心怡神赏，如坐蓬瀛，见蛟蜃吐气，结成五色，珠玑绚烂，莫可名状。"其日夕耽玩、因癖成痴之情态可见，亦癖之深者也。此三人之癖于灵岩石，可谓至矣，吾尊之为师，当可无愧。

自兹以往，灵岩石为知音所赏，散见于载籍者，间或有之。其沦落无闻，埋没不彰者，则不知凡几。是石之运数，亦等于人才之遇不遇也。悲夫！

# 三、灵岩石之出产地及名称

灵岩石，或称为六合石、五色石、文石、绮石、锦石，多不辨其出产地，统称之为雨花台石子。实则此石出自江苏省六合县灵岩山玛瑙涧，左〔下〕列地志及记载可供参考。

（一）《江宁府志·物产门》载："其石则六合灵岩锦石。"

（二）《六合县志·物产门》载："文石出灵岩山，因文理交错故名。体质空透，五色俱备。"

（三）《云林石谱》载："真州六合县水中或沙土中出玛瑙石，颇细碎，有绝大而纯白者。"

（四）《灵岩石记》载："灵岩山之西涧名玛瑙涧，石卵充斥，砂砾杂之，内有文石，雨后流露。"

（五）《素园石谱》载："绮石诸溪涧中皆有之，出六合水最佳，文理可玩，多奇形怪状。"

（六）《秋园杂佩》载："五色石子出六合山玛瑙涧，雨后胭痕螺髻，累累濯出。然山深地僻，往返六十里，非好事者不到。"

（七）《韵石斋笔谈》载："灵岩子石出灵岩山之涧中山在六合，而聚于金陵。"

（八）《太平清话》载："五色石子出六合山玛瑙涧中，裹粮负锸，从雨后觅之。山深无人烟，往返六十里，甚则几至冻饿得病死者。于是吴人从涧旁结草棚以市酒食，而负石者始众。此风唯万历甲午始见之。"见邓之诚著《骨董续记》。

以上八种志记，均系有清以前之著述。则此石之产地，诚为确凿，毫无疑义矣。称之为灵岩或六合者，根据其出产之山名及县地名也。又或称之为五色石、文石、绮石、锦石者，依据其文理颜色也。其命名殊无深文奥义存乎其间，自毋庸细究。

兹所研讨，即斯石之名，迩来流俗均称之为雨花石，而灵岩之名，反湮没不彰，无人称道之原因。

考雨花台在南京城南聚宝门外，聚宝山之上。相传梁武帝时，云光法师讲经于此，感天而雨花，故以为名。聚宝山，据《江宁府志》载："古称曰石子岗。"又查《建康志》载："石子岗在城南雨花台侧，上多细玛瑙石，俗呼为聚宝山。"遍山均系石子，无异恒河沙数，余昔年曾数次游之，惟均系平常粗劣之石子。躬亲寻觅，求一稍具纹色如灵岩者，竟不可得。更据明朝人所著《灵岩石记》载："地志所载南京雨花台侧产玛瑙石，想古时生育或盛，今虚语耳。"是则雨花台虽产石子，但无佳如灵岩者，自古已然，第雨花台附近妇孺多拾此平常之石子，商贩则采诸灵岩，贮之盆盎。沃以清泉，售之游客，业者殊众。而游客大半耳雨花台之名，探胜而来，既不躬亲向本山搜剔，又不察石之优劣，更不详究其来源，率以重金购此盆盎之物，以资玩赏。于是雨花石之名，遂附游人之躅，不胫而走宇内矣。

至六合县之灵岩，地处偏僻，知者已鲜，而其山又无脍炙人口之胜境，为游踪所不及。其所产石子，均运南京藉雨花台以销售，是姜绍书所谓"产于灵岩而聚于金陵者"也。年深代远，遂使张冠李戴，均目之为雨花石，而灵岩之名，反无闻于世。此如江南售栗，多称为良乡，实则良乡乃蕞尔小邑，林木阒然，徒以聚栗于此，转运江南，乃得此虚名耳。好事者偶或询诸售石人，则只知图利，穷源究理，既非所解，遂又故神其说，惟雨花独尊，妄指石之不时出，及其特异，以文饰之称雨花石置水中久而不浊，他石则否之类，而灵岩石更遭落井下石之毁，其迹愈晦矣。

余常谓天下之是非，虽系乎公论，而先觉之觉后觉，尤为首要。指鹿为马之徒，固无论矣，即使国人皆曰贤者，尚应察焉而后用。盖铄金众口，率多附和盲从，而不究其所以然之理。要在先觉者能察与否耳，特藉此石表而出之，以为世戒。

至雨花之名称，则根据雨花台而来，其名颇雅。清初张岱《琅嬛集》中载有《雨花石铭》，或为见于载记之始欤。是雨花石之得名，误延至今，已数百年矣。嗟呼！世有虚声远播，久假不归，而不自觉其非是者甚多，又岂独此区区之灵岩石哉？亦可慨也夫。

## 四、六合县灵岩山概况

六合县灵岩山，据《六合县志》载："在县东十五里，高二百二十一丈，周围十九里，山无锐峰，岩峦层耸，四面如一，岩际常有灵瑞，故名。山上有萧公生祠、偃月岩、蔡老人洞、龙王泉、灵岩寺、鹿跑泉、白龙池、凤凰台诸名胜。玛瑙涧在山下，产五色文石。"又据《江宁府志》载："灵岩山在六合县东十五里，有偃月岩、磨盘石、龙王泉、鹿跑泉、蔡老人洞、白龙池、玛瑙涧。"是六合县在大江之北，而灵岩山又东距县十五里，而各记载复多称往返六十里者，则大约指至玛瑙涧而言，地较偏僻，交通非便，往游者殊寡。欲求一灵岩山游记，竟不可得。余昔年至金陵，拟往一游，因无乡导而罢。癖灵岩石而不能亲至灵岩山，实为憾事。灵岩有灵，能使尔之皈依弟子，得一睹灵山真面乎，日夜祷之矣。

## 五、灵岩石之矿物成分

矿物由成分上之分类，可得两种：曰金属矿物，与非金属矿物。灵岩石者，矿物之一也，属于非金属矿物。其与水之比重多在四已〔以〕下，而不过五，且无金属光泽，为其特征。但此种中细别之，又可分为三类：曰原始矿物、曰沉淀矿物、曰有机矿物。灵岩石多属于原始矿物，为宇宙初生时所凝成，其成分以矽〔硅〕酸盐及无水矽〔硅〕酸为主，熔度颇高，且为酸类所不能溶解。间亦有属于沉淀矿物者，为沉淀于水而成，其成分以碳酸盐类为多。其余不合矽〔硅〕酸之盐类及养〔氧〕化物、绿〔氯〕化物等，皆归此类，多为水或酸类所能溶解。至于含有炭质为动植遗体所成之有机矿物，灵岩石属于此类者颇少。总而言之，灵岩石在矿物上之地位，为非金属矿物中之原始及沉淀两种。然此不过大概之分类而已，至于详细研究，当让诸矿物学专家也。

# 六、灵岩石成因之研究

灵岩石之成分，前章已略述之。然其历史之成因，源流之滥觞，何为而成细碎晶莹之石子，又何为而均聚于六合县灵岩山之一隅，亦为研究灵岩石之一大问题。但尤荒渺难寻，茫无端绪，较研究其成分更困难矣。兹就癖石同人所得诸说，记之于左〔下〕。此亦仅锥指管窥臆度理想之辞，仅可作为研究之资料。

（甲）星云说。谓地球初成之际，用太阳系分出诸行星之法，分出诸卫星时，所余留之余物。灵岩石即其一种，故皆成球形块状。

（乙）喷出说。谓地球既成之后，地皮日冷，渐渐收缩，故其地面凹凸不平，致生裂罅。内部之溶液，经此裂罅涌出地面，凝为最初之火成岩。灵岩石属于原始矿物者，即成于此时。大者为山岳，小者即为石子。属于沉淀矿物者，为当时之海水因渐冷而溶解力减少，成不溶解之化合物，沉淀于水底，大者为水成岩，细碎者则为石子。

（丙）水力说。谓灵岩石为山岳崩裂之碎石块，经水力冲磨，年深日久而成。

（丁）陨星说。谓灵岩石为天空之流星，陨而落地。春秋时代尚有星陨如雨之异。地球初成时，安知不有星陨如雨之特别奇观，倏忽而成美丽之石子。

愚按甲说石子与宇宙同一造化，未免视石子重，而宇宙小，不足为信。丁说与甲说近似，而所谓星陨如雨，岂仅陨于六合县之山中？殊不能自圆其说。乙、丙两说颇近情理，折中二者之间，较为完善。盖当宇宙初辟，石子有由地心喷出者，有由沉淀矿物之岩石分裂者。经过亿万斯年，由海水冲击磨荡，始圆润而成形，淤积于六合县灵岩山中。有数种理由，可为佐证。（一）灵岩石之优异者，为他处所无，且无大块者，其为由地心喷出之特产品也无疑。至长江流域所经之青海、四川、云南诸省，固皆为高山峻岭所蟠据，多出宝石、美玉之类，但求其类乎灵岩石子之佳者，则不可得。且灵岩山之山石，亦无与优秀石子相同者，尤足为证。（二）属于沉淀矿物者，亦为此地之特产，因他处亦无此美丽之矿物质也。（三）石子非经水冲击磨荡，不能成其圆润，至于石子之凹凸纹，因其成分、品质不同，非经水磨荡不能明显，绝非形成时即有如是之刻划深纹也。桑田沧海，彼时六合县，不知为几千寻之海底耳。据此，更可归纳断定灵岩石为六合之特产。他处如南京之雨花台、杭州之玛瑙坡、山东之文登等处，虽皆以出石子著名，但与灵岩石，绝不相类也。

## 七、灵岩石总论

灵岩石千奇万变，无穷无尽。好之者，人人各异其目的，因之不能无所偏，欲求一正确客观之标准颇难。但就灵岩石之为物论之，不外石之形、石之质、石之色、石之文，四者而已。癖之者，或重其质，或贵其形，或异其色，或珍其文，有一于此，均足以引人入胜。而此四者，均非泛泛言之，必有一定之客观上美好特点，然后始可以显其长。若四者均相称，方为完美之石子。如偏重于石之文者，见一石焉，其文彩显著，但其形则欹斜，其质则粗燥，其色则暗且俗。是虽有文而不彰，即彰而亦不美，文又何足贵乎？当非偏爱者所取。故形、质、色、文之客观上美好特点，为研究灵岩石之权舆。然此四者，亦自有其先后。如质为本体，当属最要。有质而后有形，有形而后文与色有所附丽。惟质、形虽在先，而文、色均无可采取，亦不足以表现石之美好。故色与文二者，其关系尤属重要，为研究灵岩石兴味之所萃，又为四者之主要部分。有灵岩石之好者，不可不识此意也。今将此四者，分章略论于下，别其种类，分其统系，概述其扼要之点，使研究者有轨可循，一览而知灵岩石之大体。至其玄奥之境，奇异之态，则非文辞言语所可形容，好之者各依其所爱，以意会之可也。

## 八、灵岩石质论

质者，石之本体也。灵岩石之质，可概括为三大类：一曰透明体；二曰不透明体；三曰混合体。透明体，多细润缜密之石质，且有光泽，影于日光或强照灯光下可以透视，故曰透明体。因其透视程度之高下，又可别为三种：极透明如水晶玻璃者，曰晶质；半透明而视之不十分清晰者，曰玛瑙质；微透明者，曰玉质。但透明之程度，常与块之大小成反比例。块小者易于透明，块大较难，故常见之透明体，多小块者。至不透明体，即凡不能透视者皆属此类。其质或粗或细，间亦有鲜滑光泽者，但其程度不如透明体之显豁耳。细别之，亦可得三种：一为磁质，为极坚密之石质，其光润如加釉之瓷，故曰磁质。其细润虽次于玉体，质又不透明，只其光润胜于石质，故与二者有别。二为石质，乃坚硬之粗质，为灵岩石之正宗，普通石子皆属之，灵岩石以此类为最多。三为泥质，多为沉淀矿物，凡灵岩石之轻松石质皆属之，故又名为灵岩石之别体。然亦有粗细之别，粗者名曰泥沙质，其质如泥沙灰土，毫无光泽可言，且极松散，易于破碎。细者名曰陶瓦质，其质与生磁陶瓦相似，较泥沙质较坚，且或有因摩擦而生光泽者。二者虽皆为泥质，但极有区别。混合体为透明体与不透体相混而成，或极粗与极细二质混合而成。如一半透明一半不透明，或一部质极细润，他部质多粗燥之类是。因混合程度之多寡，混合体可分为两种：其二体虽混，而显然可以划分者，曰清浊体；混合而杂乱，不易分别者，曰杂糅体。灵岩石种类虽多，其本质当不外以上所述诸类。兹为明显起见，列表于左〔下〕。

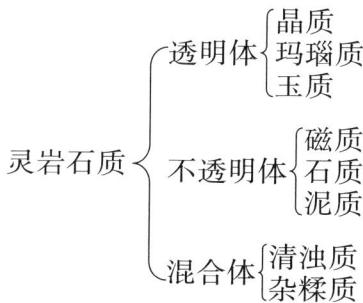

灵岩石质
- 透明体：晶质、玛瑙质、玉质
- 不透明体：磁质、石质、泥质
- 混合体：清浊质、杂糅质

# 九、灵岩石形论

形者，灵岩石之状态也。在形、质、色、文四者中，虽不居重要地位，然为石之外体，观瞻所系，亦不能忽视之。依其大概分类，不外体平位正，与不平正两种。体平位正，则无论其为何种形状，皆合乎自然之轨〔规〕范，而无倾斜欹侧之态者皆是。反此，皆属于不平正之列。若按其状态详细分之，可得八种：一、圆形；二、椭圆形；三、条形；四、方形，此四形为寻常多见者。五、三角形；六、圆柱形；七、多边形；八、不规则诸形，此四形因其不轨〔规〕于正，为寻常所不多见者。或按其重量、体积之轻重大小，亦可分五种：库秤二钱重以内者，曰碎块；二钱至四钱重者，曰小块；四钱至八钱者，曰中块；八钱至一两六钱重者，曰大块；一两六钱重以上者，曰特块。一斤以上者，则超乎石子范围以外，纵得之，亦无佳者。上天造物，胎灵孕秀，何独均钟毓于此征渺〔妙〕之石子？此理殊令人难解。癖石之收藏家，常以石之面积、大小、轻重及其形状，分门别类而陈列之，颇足以助灵岩石之美观。然此不过就寻常所见及不经见之形状，为粗浅之评论。至于奇形怪状、特异之品，间亦多有，则不可限于一隅之见，当另为论列也。

# 十、灵岩石色论

日星炫辉，云霞灿烂，此天之文、色也。山水清辉，草木丛茂，此地之文、色也。人则为惊采绝艳，遗世倾城，此人之文、色也。盖天地之大观，人类之美丽，莫不以色著，以文显。灵岩石之所以见称于世，引人入胜者，亦文、色耳。故文、色二者，为灵岩石中最主要之部分，极感兴趣者也。兹先言色，色者，据物理学家言，为光线射于物体所显之现象也。凡有质之物，莫不有色。普通所最常见之色，为白、红、朱、黄、绿、蓝、青、紫诸色。而此众色，再混合变幻，更生无穷色相。灵岩石则无不毕具，或单或复，或淡或浓，或明或暗，或雅或俗，或错综或纠互，千奇万变，不可枚举。然按其大体，简括言之，可分两种：一曰纯色，二曰复色。纯色，为全体一色者。复色，为两种颜色以上而复杂者。若以色与其他各种关系而细别之，可得以下五类十色：

甲、依色与质之关系分之，有二种：（一）润色，为极鲜润之颜色，多于透明体石质中见之；（二）实色，为普通之颜色，多于不透明体石质中见之。

乙、依色与花文关系分之，有二种：（一）本色，即石质本体之色；（二）文色，即花文所表示之颜色。

丙、依色深浅之程度分之，有二种：（一）嫩色，为极浅淡之颜色；（二）硬色，为极深重之颜色。

丁、依色所在之地位分之，有二种：（一）透色，为透明体中所含之颜色。虽深藏于石之内部，而在外观之，亦极显明者。（二）染色，为轻薄之色，而浮于石面者。

戊、依色之主从为分别有二种：（一）主色，为色之主要部分。（二）衬色，由于主色烘托或酝酿而出之色。

已上所论，灵岩石色之主要者，似可包括无遗。倘研究者加以细心揣摩，自可辨别精详。但灵岩石之大多数，以纯色者居多，而复色者较少。普通多黄、白、黑三色，他色次之，而绿色、蓝色者尤鲜，故愈少者，则愈贵。纯色之石子，以兼有本质花纹为上，复色者，多上品石子也。平常普通石子，其色必待贮之清泉，而后显著，水之中与水之外，有天壤之不同，此犹如看美人，须有赖于灯前月下也。惟上乘最优秀者，质精色艳，无论其置于水中或水外，皆不易其色，如绝代倾城，本具有天姿国色，任何平视，亦不能掩其美。癖石者，尤不可等闲视之。

## 十一、灵岩石文论

文者，由于石质之表面，或其蕴藏，于视力可及之处，因点线交错、或众彩集合、或突起凸凹，且含有自然之规则而成也。质言之，即石之文，皆有自然之规则。一则由于碎点、斑点，或直线、曲线，所联合交错之结果而成，如斑点文、圆圈文之类是。一则由于颜色之集合错杂而成，如色成文之类是。一则由于石质之突起凸凹而成，如深刻文之类是。故文多由于复杂而成。若徒具有一点或一线，并无自然之规则者，不得谓之文也。依此定义，灵岩石之文，可分为四大类：由于石质演成者，曰本质文与内透文。由于石之颜色演成者，曰花色文。由于石之外形演成者，曰深刻文。本质文又名为纯色文，即文与本质为完全一质，不过因颜色之浓淡、烘托，而显明其文。如白色石质而带白色圈文，黑色石质带黑色斑点之类是。内透文，惟透明体石质中有之。其文不现于石之外表，而蕴藏在石之内部，有于本质外另含有他色者，亦有与本质一色者。望之，如镜中花、水中月，别饶佳趣。花色文又名色成文，为有规则之颜色而成，或由于深浅之交错，或由于复色之集合，炫烂之妙，多于此种文见之。深刻文，由于石质突起凸凹而成，如人工之雕刻物，其文各种形状皆备，但以云形文及圈文二者较多，为文中最瑰异者。以上四者，不过文之大纲。但石子未必皆有文，而有文亦未必仅系一种，故有无文之石，而亦有一石兼数种文者。文不厌其多，愈多愈足为贵也。至于文之各种形状，普通所习见者，在四大类中，又可分为以下二十种：（1）碎点；（2）斑点；（3）直线；（4）曲线；（5）缠线；（6）层形；（7）十字；（8）单圈；（9）点圈；（10）复圈；（11）连圈；（12）带形；（13）方形；（14）三角；（15）六角；（16）多边形；（17）云形；（18）藻形；（19）杂文；（20）象形。此皆可顾名思义，一望而知。但象形一种，与诸文异，且为石之最精彩之一点，另列一章详论之。

## 十二、灵岩石象形论

灵岩石以色而著，以文而显，奇妙之点，固皆聚乎是矣。但再进一步更见奇妙者，则为象形。象形者，乃石之外部表现之形状，或内部蕴藏之文色，酷肖各物之状态也。其大体可以分为两种：（一）具体象形。即石之外形全部，象某物之状态者。（二）寓体象形。即石质上之花文、颜色，肖某物之状态者。灵岩石之象形，有如神工鬼斧，包罗万象，大至于日月山川，小至于昆虫蝼蚁，莫不惟妙惟肖，有类于天然生成者，往往为思议所不及。余谓灵岩石备宇宙之奇观，似非虚语也。依蠡见所及，石之象形，约有下列各种：（1）天象；（2）山川；（3）园林；（4）草木；（5）花卉；（6）果实；（7）人物；（8）走兽；（9）飞禽；（10）昆虫；（11）鳞介；（12）宫室；（13）寺观；（14）器用；（15）服饰；（16）文玩；（17）文字；（18）杂类等，共为十八种。此不过概括言之，若详为分晰〔析〕，则不胜枚举矣。再者，灵岩石之象物，其神似、形似，而完美无玷者，颇难遇。获得者，自应宝之。惟象形之巧，其天然显露，易于识别者，固无论矣。但奇奥之品，则必须慧心人朝夕与共，手不释握，目揣心摩，一旦灵机偶触，豁然贯通，方能发见。或神悟于刹那之间，或经年、数年、数十年，而始得圣解。此正如禅家之有顿、渐两宗，并无轩轾也。癖石者，所以废寝忘餐，孜孜不倦，而感有无穷之兴趣者，职此故耳。

## 十三、灵岩石之命名

灵岩石文色繁多，式样不一。文人雅士每研求其景像，锡以佳名，使石之价值特别增重，由是石之命名尚矣。然石多奇特，亦有无景像可寻者，依余之见，命名时殊不可牵强附会，如无名可觅，即付之缺如，或以编号为记，以待将来之发见，亦无不可。命名时，第一，须切实，即名与石符。闻其名如见其石，观其石即可知其名。若名与石不称，是侮石也。尝见一好石之友，对于石子，各个均加之以美名，闻者无不神往。及观其石，若风马牛之不相及，竟不知其何所指而云然。此徒使人匿笑，匪特不能增石之价，且辱石甚矣。第二，须典雅，即命名有所根据，而意义又非鄙俗。则闻其名而思见其石，见其石而赞其名。如"怪石赞""灵岩图说"及"青莲舫绮石"诸名，可为模范。第三，须扼要，切实、典雅之外，尤须就石之特长，指而名之，不可涉于空泛。即此名非此石不足以当之，此石非此名不足以彰之，扼石之优点，不能移易。例如，一具有红绿两色之石，名之为快绿怡红，固无不可，但凡此类石，皆可加之，无足奇异。若遇此等石，当详细审察石之其他特长，而为之名，庶几使石特别生色，不至雷同。故切实、典雅之外，尤不可不注意扼要之一点也。

## 十四、灵岩石鉴别之商榷

灵岩石之质、形、文、色及象形之概要，已如前述。其体之精粗，品之优劣，应如何鉴定，亦为研究灵岩石一重要且有兴趣之问题。惟人之心理各自不同，嗜好亦殊，欲求一尽如人意之定论，诚戛戛乎难矣。兹就素常摩挲所得，及石界诸先进同志之参正，略述平易近人、合于群众心理之鉴别方法如下，以供商榷，但不敢自信为公允之论耳。

形之鉴别。灵岩石，有质而后有形。惟讨论灵岩石时，形似当在质之前为宜，因目先及者为形，而后及于质也。形分为平正与不平正两种，已如前述。按之常理，自当以平正者为优，但因适于具体象形或特别异点时，其不平正者反因其不平正之特点而见长，间亦有之。故灵岩石形以平正者为上品，不平正而有象形及异点时，亦可列为上品之别体。至于形之各种状态，皆有特长之点，因便于花文、颜色易于观览起见，当推扁平者为上。故扁平圆形及椭圆形最为优品。若体之大小固非重要，然过小则失之细碎，过大则流于粗笨，自当以一寸以上二寸以内为最相宜。惟灵岩石形无论为何类，而破缺、疤癞、裂文、钉眼、麻子五种则为最忌。破缺及疤癞皆残缺而不完全之谓，不过破缺为外界强力之伤痕，疤癞乃本质不坚固之处，受外界磨擦所致，或原来天生之缺陷。至裂文则为本质上之裂痕，钉眼及麻子则皆细碎之伤痕，钉眼疏而深，麻子繁而碎，故二者有别。此五忌最损石之成色，不可不详加注意。顾石子产于山野，雨淋日炙，风露消磨，日久年深，自不能不有天然之伤损，何可求全责备，必以完全无疵方可列为上品乎？要在总观石子之精粗优劣如何，能勿损于大体斯可矣。

质之鉴别。灵岩石质大体分为三类，细别之为八种，各种各类各有其妙境。骤观之，虽不能别其高下，但无论何质，皆当以纯洁为上。除泥质者外，又当以细腻、润泽为优。故凡杂而不纯，或浊而不洁，或粗燥而不润者，为灵岩石质三大忌。盖杂与浊为纯洁之贼，粗燥则细腻、润泽之贼也。其质尤与颜色花文有极密切之关系，倘文、色优美，质亦随之而贵矣。

色之鉴别。灵岩石色，单纯者得清雅之妙，复杂者有炫烂之奇，二者皆有所长，不可偏废。无论何种，皆当以颜色鲜艳、雅趣、美丽为优。若暗然无彩，俗状逼人，及粗燥不润者，皆非上品。故暗、燥、粗三者为颜色中三大忌焉。若颜色复杂者，则尤贵明显清晰；若混杂无章，亦足为累也。

文之鉴别。灵岩石文，当以清朗为第一要义，再加以完整圆满，则为文之上乘。若肤浅而不真，零乱而无序，散漫而无律，斯为下品，故浅、乱、散为文之三大忌。至于前述文之四种，则内透多幽润之文，本质多清雅之文，花色多绚烂之文，深刻多奇异之文，各臻其妙，皆足以抗衡媲美，不能分其高下。惟一石而兼此数者，为最难得，故文愈多愈足为贵。

象形之鉴别。具体象形，当以石之全体完全肖物之形为上。寓体象形，又当以所象之形在石之正面、易于观览之地位为上。故象形之要义有三：第一为真着，因真着始足以辨物。第二为惟肖，惟肖始足以象物。第三为精神，所象之物，精神活泼有生机，方足为贵。故模糊、呆板、残缺、隐蔽、夹杂为象形五忌。盖模糊为真着、维肖之贼，呆板为精神之贼，残缺乃不完全之谓，隐蔽即所居之地位不易观览之谓，夹杂即象形为文色所扰乱，有碍明显之谓，此五者皆象形之大忌也。但具体象形所忌者惟残缺，与寓体象形稍不同耳。其次所应注意者，即其颜色须与所象之形相称，方为上品。否则虽佳，亦有遗憾。

　　总观以上所论，则灵岩石之优劣精粗当可了然，然此不过分论其梗概。至于灵岩石之全部，尤当细心体会，观其大体，必须四者相称，方足称为完美之石子。既不可以一善之长而讳其短，亦不可因微疵弱点而弃其长。况石子有水中与水外无异者，有水中特别出色者，有须远观以取势者，有须细察而辨其文者，有须揣摩方足以见其象形者。研究灵岩石者，皆不可不注意也。兹为易于鉴别起见，附表于左〔下〕：

| | 优点 | 缺点 |
|---|---|---|
| 形 | 扁平、平正、大块、中块 | 破缺、疤癞、裂文、钉眼、麻子 |
| 质 | 纯洁、润泽、细腻 | 杂、浊、粗 |
| 色 | 鲜艳、美丽、雅趣 | 暗、俗、燥 |
| 文 | 清楚、完整、圆满 | 浅、乱、散 |
| 象形 | 惟肖、真着、精神 | 模糊、呆板、夹杂、残缺、隐蔽 |

## 十五、灵岩石等次之分类

　　灵岩石之形、质、文、色及象形之优劣，前章已缕述之。兹统观石之全部，依万石斋之评定方法，分其高下等次为九品，其庸碌无奇及特别缺点者不列焉。九品者，以常品、驳品、净品为下三品；淑品、纯品、清品为中三品；奇品、珍品、绝品为上三品。常品为极平常之石子，而略有一长可取者；驳品为特别优秀之石子，而略有缺点者；净品为净洁而无疵者。此三品虽皆可取，但皆平平无奇，且不免缺点，故总称之为下三品。淑品为大纯而小疵者，纯品为完美无疵者，精品为纯品具有精妙之才者。此三品以纯品为主，且居九品之中，精妙完善，深得乎中庸之道，故称之为中三品。奇品为精品而具有特异之花文、或颜色、或象形之一者，珍品为精品而具有特异之花文、颜色及象形之二者，绝品为精品具有神奇之花文、颜色及象形，无美不备，无式不精，空前绝后，惟我独尊者。此三品为灵岩石之精华，皆有奇异之特征，故称之为上三品。石以下三品者居多，中品者较少，至于上品，则间如凤毛麟角矣。

## 十六、灵岩石品

灵岩石之等次高下，前章所述綦详。惟石子之种类甚多，可称为优秀者，亦不一而足。鉴别法中所论，只就其各端分述。今更就灵岩石各种特长之点，略分为二十四品。以有一种特长为一品，具两种以上者，以最优论，则灵岩石全体之优秀点，庶可一览无遗。兹附以简单解释，述之于下。研究者细心揣摩，自可豁然贯通，一旦遇优秀佳石，庶不至交臂失之矣。

（1）端好。完整纯洁，无瑕可指。

（2）精致。精莹细润，致致生光。

（3）朗透。朗似玉山，清如水月。

（4）细腻。肌理细腻，比美羊脂。

（5）饱满。颜色花文，面面俱备。

（6）鲜艳。尽态极研，光彩绚目。

（7）绚烂。五光十色，灿如云锦。

（8）绮丽。傅粉施朱，风光别具。

（9）清淡。清描淡写，超逸出尘。

（10）雅趣。条理井然，别饶深致。

（11）苍老。文深色重，老气横秋。

（12）柔嫩。色轻质细，软丽绝伦。

（13）高古。朴质无华，盎然古色。

（14）含蓄。茹烟吐霞，耐人寻味。

（15）深远。岩深谷回，无尽无穷。

（16）疏野。疏秀为质，野鹤闲云。

（17）雄浑。气足神完，浑然太璞。

（18）刻画。雕琼镂翠，巧胜人工。

（19）磊落。大叶粗枝，磊磊落落。

（20）纤秾。纹细于丝，色轻似染。

（21）生机。飞潜象形，生机泼泼。

（22）精神。短小精悍，神彩奕然。

（23）奇特。奇异特出，匪予〔夷〕所思。

（24）怪异。光怪陆离，可惊可喜。

## 十七、灵岩石陈列法

灵岩石，即〔既〕可作吾人之玩赏品，自当陈之几上，列诸案头，以供观览。于是陈列之法尚矣。陈列法者，研究灵岩石如何陈列，而适于美观之法则也。灵岩石状态不同、种类各异，宜分组别类而陈列之。如选择大小一律之石子数枚，为一组，或承以髹漆之盘，或置于清水之盂，布置咸宜，有条不紊，则益状石子之观美。故以程度相等、形状整齐、颜色配合、文色兼备为陈列法中之四大要件。程度相等者，即使一组中之石子品格同等，高下适宜。如以纯品石子为组，各分子皆须具有纯品之程度，方为合格。形状整齐者，即使一组中之石子，形状相类，大小从同。如以中块椭圆形石子为组，各分子须皆为中块，一律椭圆，方足称为整齐。颜色配合者，即使一组中石子之颜色配合得法，无重复之嫌，或极清淡之趣，或备绚烂之奇，各臻其妙，乃为适当。文色兼备者，即使一组石子中花文与颜色，各居其半，尽态极妍，神采奕扬，备灵岩石之大观为妙。具此四种要件，加以精心选择而陈列之，即间有平庸之石子，亦因之焕然有色，上品者更无论矣。王猩酋常谓：麦、菽、黍、豆非美观之物，植物陈列馆取而陈列之，便多佳趣。况具有文色之灵岩石，若能陈列得法，岂不更助石之美观乎？惟人之相与，静躁不同，或有以陈列法为拘束，而放浪自喜者，不论石子程度、形状、颜色、花文如何错综杂陈，惟求得自然之趣，是亦各随心之所好而已。至于上等绝品之石子，则应承之以檀座，饰之以锦匣，笼罩之以明洁之玻璃，单独陈列，置之于雅洁几案间，不可与常品同也。

## 十八、灵岩石保存法

灵岩石体坚质固，自无易于损坏之虞。其保存法所研究者，保存灵岩石之天然面目及适其体性之诸种方法也。盖灵岩石产于山，长于野，栉风沐雨，饮露餐霜，自然之真性也。不幸为人取而有之，供诸案头，列之几席，朝夕把玩之、摩挲之，岂石之本性所宜？况更有爱而不知其道者，或加之以琢磨，或施之以雕镂，则石之本来面目及真性全失，可哀也夫！余之于石，最尊崇其天然之美。因研究保存之法数则于下：

（一）不可雕镂。雕镂者，或雕刻灵岩石成为图章器物，或镂刻为环佩饰物之类，此最足以失石之雅趣。

（二）不可琢磨。琢磨者，即加以人工使石发生光泽，或使其形态平正之谓，此项加工皆有害于石之自然状态。

（三）不可摩擦。摩擦者，或以手掌、或用布帛，以使石子洁净光润，但日久岁深，易损石质，且有碍于天然也。

（四）不可久置水中。水中杂质甚多，北地尤甚，是以石子在水中，以二十四小时为限。若贮水中日久，弃而不顾，甚至于浊臭枯竭，不特有侵石质，而表面或发生一层白碱，其为害于石质滋深。

（五）宜注意清洁。石子应注意清洁，其理甚明，故为尘埃所蔽，宜拂去之，污秽所侵，宜洗濯之，使其常保清洁之态为妙。

（六）收藏宜得法。收藏灵岩石，以锦囊贮之最为相宜。上品石子，尤宜以一囊贮一石，以免互相磨擦为要。

（七）宜常与自然界接触。使石子常与自然界接触者，求适其自然之真性也。故清风细雨之日，或露朝月夕之时，可将灵岩石置诸庭院，使其略得风月之光，雨露之润，则石子倍觉精神。

已上七法，简而易行，收效最速。采而用之，裨益于石，当非浅鲜也。

# 十九、灵岩石答客问

万石斋主人伏案，方拟《灵岩石谱》。客有谓之者曰："欧风东渐，科学昌明，今子终日孳孳，以宝贵之光阴编此石谱，窃以为过矣。"万石斋主人悚然曰："唯唯否否！夫欧人所谓科学者，凡智识之有统系，而能归纳之于原理者皆是也，岂专指实用诸科学而已哉？哲学、史学、教育学、审美学等皆科学也，其功效虽有不同，其增加人民之福利一也，而审美学尤为今世诸大儒所提倡。通都大邑建立美术馆、陈列大家书画、名人雕刻、美丽模型，以供人民之观览，中小学校尤注重美育，设有图画手工诸科，以养成生徒审美之观念。盖鉴于审美为人生之天性，最足以陶冶性灵，奋发心志，活泼精神，较之他种科学尤为切要也。灵岩石乃天然美术品之一，虽渺乎其小，而绮丽高华，文色绚烂，则天然一幅画图也。石面凸凹，刻画工整，则天然之雕刻也。各种象形，维妙维肖，则又天然之模型也。而世人道之者寡，只推崇人工之技巧，而忽此天然之美观，不亦大可哀乎？且斯石乃吾中华特产，他国所无，弃掷逦迤，毫不自惜，其如人笑我国内无人何？余有感于此也久矣，今殚心竭虑，编此石谱，亦提倡天然美术及国粹之微意耳！岂仅专供消遣而已哉？昔者牛顿氏见苹果落地，而悟地心吸力之理，瓦特氏见壶中沸水，而发明蒸汽之用，类能因小见大，由微知著，造端甚微，利用极溥，况文、色兼备之灵岩石，焉能久遭漠视？安知数世之后，不因吾之石谱，而列入天然美术品之重要部分乎？物之显晦亦各有时，愿君待诸异日，岂得以今之不见重于世，遂鄙为弃材，而轻忽之欤？"客嗤之以鼻，腹非而退。

## 二十、灵岩石闻见录

雍阳王猩酋生有石癖，自清光绪乙卯迄今，数十年不少懈。余与同里，以师事之。藏石五百余枚，曾撰《雨花石子记》一卷，详记其石，并为诗以赞之。余评其旧藏可取者约得十枚：露珠、松雪、大观园、东山月、绿虾蟆、新嫁娘、黄梅、春景、太湖、鲈鱼。其中十分之四为余所赠或易去者。不佞深庆石之得所，不效米海岳所吟"研山不复见，哦诗徒叹息"也。己卯后，张次溪赠伊石多种，以祗树佛园、朱幡护花、石出听枫、两个黄鹂、木瓜香雾、蓟门长啸、寺门池树、西湖泛艳、橹摇指菊、八大画荷为最尤，此外则自郐以下矣。惟王君癖过深，凡有一长可取者，则奖励不遗余力，名实不符，石若有知，恐自愧者多矣。余尝笑谓之曰："考米令奇石，所传者不过十八块；诸九鼎《石谱》仅二十枚，《怪石赞》减为十六；林有麟多不过三十五。今君竟兼收博采，将所赏之五百余均记而赞之，或将使人见疑，反污山骨矣。"

半亩园主人藏石有：神工、佩玉、鱼头、僧帽、神龟、五石，均系上品。闻其易箦时，皆以为殉，湮没不传，余深惜之。较猩猩之石，何其有幸与不幸，若是之悬殊耶？

崔黄鹤佳石有二枚：一为松塔，一为秋景，没后亦不知流落何所矣。

曹云荪有白圆片石一枚，颇平正，深刻白圈纹，两面如一，精细无比。后闻神龙化去，不复在人间矣。

余在南京时，卖石人云："昔年曾售出奇石，有海天旭日、桃李争艳、松下双鹤、云中神龙、圣像佛影、秘戏图等，维妙维肖，不可殚述。"闻之令人心醉。售石者固不免自神其说，以引人入胜，但天地造物，何奇不有，惜乎获麟者未必真知麟耳？

## 二十一、万石斋藏石琐记一

幼年肄业天津南开学校，舆地教授郑师子周，盛称金陵雨花台胜迹，闻而羡之。其后，同窗薛君卓东出石子数枚相示曰："此雨花石也。"红绿相间，螺彩互旋，颇有可观，然亦未尝以之介怀。丙辰冬民国五年，兄信天就学金陵归，以雨花石数十枚见赠，并谓此皆平常者，佳者价昂且美也。恒以供诸案头，有暇即把玩之，惟见其色艳而纹奇，但终恨不知佳者为何如耳？万石斋之有雨花石，当以此为滥觞。

戊午秋，旅行南京，始得亲陟雨花台。遍山皆彩石，雨后尤鲜朗，乃搜剔于涂泥之中，并就山旁市石之肆选择，饱载而归。自以为斋中石子，富甲等伦，足可睥睨一世矣。

一日，李君新吾来，见吾摩挲诸石，乃告之曰："君石虽多，但尚非石之精英。何不就正于邑中王猩酋先生乎？"余颔之，终未相信。李君怂恿再三，始赍石往谒，以研求所谓精者。王君将所存石子，尽为陈列，五光十色，满案琳琅，不尽目眩心迷，自愧寡陋。盖先生隐于乡，癖石多年，研究有素，且独具只眼，异乎恒流，所藏佳品颇多也，遂叩而求教焉。先生惠我石子数十枚，并为介绍石界同志数人，常与畅谈，夜以继日，至忘饥渴。余之石癖遂日深，而痴愈甚，入魔境亦入悟境矣。

孙君信三，余之挚友也，肄业金陵大学，因屡请其代为搜求。孙君古道热肠，不惮劳悴，暇时辄躬亲为予取采石。己午巳〔已〕还，继续以邮筒寄石子三次。庚申，又托赵鹤一君代购一次。皆以公务无暇，经济有缺，希望过奢，所得未能尽如所期。

壬戌秋，伯兄志瞻馆于宁垣。窃以此为买石良机，拟采兼容并包主义，不惜重价，凡有一长可取者，皆勿之遗，千金马骨，佳石庶可毕至。两载以来，寄来石子颇多。癸亥夏六月，得周君仲迁携助之力，重游金陵，同伯兄盘旋雨花台畔数日，余于石子，收藏既多，所选择者，自较前此之兼收并蓄、好恶不捐有异，似略有所获。总计数年来共得石子数千枚，亦聊成苟完而已。吾尝考雨花台在金陵城南聚宝门外，俗呼聚宝山，据冈阜高处，俯瞰城闉，遥望长江如练，为历代兵防要区。故老相传，梁武帝时有宝志法师，设台讲经于此，精诚感格，天为之雨花，因此，雨花台之名，遂传于世。其山侧曰石子冈，出五色石子，人遂称为雨花石云。余有石癖，游是台也数矣，每至此处，躬亲搜寻。然所得究不如列市而售者，有神奇优秀之状。以故询诸知者，据称售于肆之圆莹、细润诸佳品，盖采自江北六合县，雨花台无此石也。

余于癸亥秋初，以藏石日夥，遂署庋置之室为"万石斋"。按《魏略》："大秦国出九色石。"；《小沧浪笔谈》载："山东蓬莱阁下出弹子窝石、文登县出文石。"；《几暇格物编》记："戈壁沙漠中产五色石，皆光怪陆离，供人赏玩。"噫！陶沙散采，天下灵秀之山，多出美石，人之所得，亦不过沧海之一粟耳。以此名斋，近于自豪，不亦难乎？况所有虽自以为夥，更未敢存自满汝昼〔画〕之心。惟有再为努力，勉诸将来，或者造物怜痴，终不吾负，精妙之品，其来也源源，而皆以兹斋为发轫，庶斯记为不徒作也已。

## 二十二、万石斋藏石琐记二

光阴荏苒，岁月不居。前记之作，忽忽已二十有三年矣。回忆往日，虽烽烟迭起，尚可苟安，较之今日，大有唐虞三代之感。此后内乱日急，外寇乘之，华北沦陷，历时八载，水深火热，邑里丘墟。乙酉年，故乡之万石斋被匪洗劫一空，屋舍荡然，遑论乎石？幸而珍品一部，早经携诸行箧，未遭掠夺。惟战事续兴未艾，国际风云，日趋紧张，则此仅存之石能否保全，与余共患难至几时，则非吾所敢知矣。噫！平泉安在，艮岳无存，何况此区区之微石乎？

癸亥已还，余曾游太原、石门、故都及天津等地，公余之暇，辄至古玩市搜求。此数处虽非产石之区，但人文汇粹，不乏旧藏，展转售鬻，偶或得之，前后所获，亦不下数十。其间并托友人张君文翰、边君逸清等，在宁垣代为物色数次，并购得崔黄鹤遗石一部。又由王君猩酋、周君仲迁赠石数枚，均为斋中增辉不少。偶一思之，犹为之神往。

故乡之万石斋遭兵劫而后，不特石多凋残，且伯氏久故，癖石诸友亦散亡殆尽。每抚存石，复念及少年为记之时，志并灵岩，恨不能以宇宙奇石，均据为己有。此志未成，而余亦垂垂老矣，差可自慰者，虽值此扰攘之际，仍能于虎口之余，守残抱缺，朝夕与石兄晤对，如在无边苦海中，得见数滴杨枝水，则又不得不感激造物怜我与石之厚也。近年以来，曾嘱安新潘太史龄皋为析津寄庐，书有"万石斋"额一方，于衣奔食走之暇，辄浏览古今典籍，搜求关于灵岩石之资料，以遣此有涯人之生，亦偶有所获，快然自足，更不知老之将至，因而得睹古之同志不少。又见夫昔贤之有此癖者，收藏宏富，赏鉴精确。仰慕之余，不自知其鄙陋，拟将现有存石，制为小谱，各锡以嘉名，并为之志，详述其形状，以供同好之参考。且夙夜祷天，使世界早日大同，永绝干戈，于国立博物馆辟一灵岩石室，将余所残存者，纳之馆中，公之天下，而石或不再罹兵燹离散之祸，得以传之千世万世而不朽。此非特余之深愿，亦石之大幸也。

# 二十三、万石斋灵岩石子小传

万石斋之有灵岩石子，卅载于兹矣，前后计之，约三千余枚。孔子曰："十室之邑，必有忠信。"太史公云："士为知己者用，女为悦己者容。"则此数千枚中，其必有超类拔萃之品，而显示于爱者之前。又深恐其奇迹蕴藏，为俗目所不能察，因精心考核，择其尤者，仅仅得百分之二，甚矣才之难也。征之《易》象，为数六十有四。以得之匪易，癖之尤深，遂视同性命，龙战玄黄，鸡鸣风雨，袖中物未尝或离。惟虑其聚久必散，千百载后，或经兵火摧残，或遭豪家夺取，使其湮没不传，是余之责也夫。乃于编辑石谱之暇，采取石子旧闻，略述得石颠末，详志其形之度、质之精、色之妙、文之奇，及象形者之神怪，命名之所由来。更命长儿绪缄绘而图之，以免观者目迷神眩，或不能尽其趣，得其神，且滋遗憾。敝帚千金之讥，自知难免，然皆据实记述，岂敢曼词自饰，故作矜奇，以炫后世。惟灵岩石极难状，古人已先我言之，而图绘亦不过粗具形态，余既不文，缄儿又初习丹青，何能拟其神奇于万一。传云乎哉？图云乎哉？石如能言，或以为辱。若使斯石，果能早遇坡仙、海岳，为之文，为之图，则其必传于后也无疑，是又不得不为吾石一叹。海内风雅之士，览斯文，阅斯图，有怜余之痴，悯石之不遇者，若能不吝珠玉，锡以诗歌，则吾石不啻逢今日之苏、米矣。余不仅代石三稽首以谢，傥可藉石以传，不尤幸欤？而石韬光养晦数千万年，兹竟不惜轩露其所怀挟之菁英，使余不自惭不文，又不自讳缄儿之陋，日孳孳为传为图，以期其传之久远，亦绝非偶然也。呜呼！石岂顽乎哉？石岂顽乎哉？

## （一）黄石公　椭圆形，长一寸二分

昔先伯子安公在北戴河海滨得一石，色黄而润。严范孙先生为题诗，有"千载沧桑何限恨，又教黄石遇张良"之句，佳话也。同邑王猩酉有黄石一枚，望之若老翁，亦名之为黄石公。两石各擅其奇，余作临渊之羡者久矣。壬戌〔戌〕秋，伯氏志瞻由金陵寄数石至故都，中有一枚，其形椭圆，黄白斑斓，有杜诗所谓"五花散作云满身"之妙。最奇者，石端呈绿色，作公字形，波磔斩然，似北魏造像始平公之公字，方笔倒行，虽工书者亦望而却步。造物之巧，乃至于此！余惊喜曰："黄石公其在斯乎！其在斯乎！"不觉下米颠之拜也。我求石欤？石求我欤？抑造物怜痴，而特锡之欤？连年兵燹，故家物荡然无存，猩酉之石已作九华飞去，先伯故后，存石复成蕉鹿，而我之黄石公尚如鲁殿灵光，岿然独存。石乎！石乎！能伴我终身游乎？泗水东流，谷城云冷，茫茫海内，识公而拜者何人？亦可慨矣！并为之铭曰：

圯下受书，报韩有志。何来黄石，幻出公字。余氏为张，深愧子房。偶辞谬赞，字短心长。

### 刘云孙题

履纳圯桥上，书受圯桥口。卓哉张子房，椎秦胆如斗。不意万石斋，复见谷城叟。何必访赤松，人石同不朽。

### 李啸秋题

古有黄石公，曾遇张子房。受书与纳履，侍立圯桥旁。一击博浪沙，副车惊秦皇。书生能报韩，侠骨兼侠肠。卒能建奇功，汉兴而楚亡。今有黄石公，又遇张子房。奇人遇奇石，奇遇非寻常。悠悠数千载，先后遥相望。此中蕴妙秘，骚客费评章。供彼万石斋，球璧同珍藏。期君善宝之，世泽共绵长。

### 李石孙题

公字天然世少俦，八分体法笔清遒。洪荒尚未生仓圣，造物先书在石头。

## （二）黄山云雾 椭圆形，长一寸五分

右石系蛋白与黄石质合成，黄质中更杂绿文，作峰峦起伏状，其背面亦如之。云耶？雾耶？峰峦之叠出耶？草木丛生黛色参天之树耶？闻之黄山多奇松，三十六峰幻为云海，此其缩影乎？因名之曰黄山云雾，并铭之曰：

黄山崔崒，无数奇峰。茫茫云海，倒映长松。石能缩影，壶中傀垆。容成浮丘，冥冥若晤。

### 张暧葊题

卅六峰峦留眼底，万千气象注心头。传神胜是荆关笔，云海奇观片石收。解纳须弥归芥子，何劳缩地觅长房。苍虬滴翠烟鬟润，同保冬心一味凉。

## （三）黄冈竹 扁平椭圆形，长一寸三分

右石蛋白，其质上品也。有黄圈笼其上，其下又成绿纹随风摇拽，作竹叶状，岂其产自湖北黄冈乎，何其竹

之多耶？遂以黄冈竹名之。石原系王猩酉所有，余以重价易来，列于二石之侧，鼎足而三，遂戏呼之曰"三黄"，又尊之为"万石斋三皇"，以统率群伦焉。

### 李一葊题

石留竹影记黄冈，峻节虚心寄意长。更喜闺中能共赏，高风德耀伴侯光。君之夫人，凤擅文字，亦有同好，侯光为梁鸿避肃宗易姓名时之别字。


生向山中甘守璞，携归袖底尚饶云。写图不让湖州笔，逸响萧萧似可闻。君之长公子，精绘事，近为石写图。

### （四）雪岭朱霞 扁椭圆形，长一寸

斯石为透明体。一面如雪山绵亘，一面如天半朱霞，掩映其间，恍若琉璃世界，万朵红云，又如人在冰天雪窖中，突现十丈赤城霞也。夏日炎炎，把玩此石，顿觉遍体生凉，为之一快。

### （五）西湖春晓 圆形，径一寸六分

右石丁卯年得于故都西城，价颇廉，盖货而不售者久，有似柳州得钴鉧潭西之小邱也。细审之，白纹缭绕，绿波澄澈，杂花生树，灿烂缤纷，湖光山色，一望无际，遂以西湖春晓名之。

### （六）上清仙境 椭圆形，长一寸二分

上清仙境者，绿石质与白透明体混合而成，绿质居内，透明体绕之于外，望之若青山覆以白云。夏日玩之，顿觉火宅生凉，凡骨为清。千山万壑，苍翠欲滴，白云如絮，

弥漫岩谷，神仙窟宅，不知其为第几洞天也。

### 自题

石也奇无敌，圆同径寸珠。补天疑著相，缩地更成图。云幻层霄迥，山深万壑殊。此中有佳境，何必访蓬壶。

### （七）冷枫夕照　椭圆形，长一寸二分

右石己未年挚友孙信三所赠，时信三肄业金陵大学，暇时辄为友采石，不惮劳悴，亦浇季中古人欤！石质细透明，黄斑杂出，影以一片红色，宛似江上冷枫，掩映夕阳中，令人生秋气萧森之感。早日余爱石肇始，得佳品较稀，不得不以此为最。庚辛以还，奇石来者日众。斯石遂不能挟长自豪矣，余以其为贫贱之交，爱而敬之，始终弗懈，兼以志吾友之高谊厚情，欣赏之余，又不胜天涯朋旧之感也。

### （八）柴门雪夜　方圆形，长一寸二分

斯石黄质，间以少许白色，若冻云初合，夜雪飘空。更有深褐色条纹杂出其上，幻成寒梅数枝，横斜于柴门篱落之间，以待春风送暖者，因名之曰柴门雪夜。偶一玩赏，疑置身灞桥驴背上。古人云"画中有诗"，吾以为石中亦有诗也。

### （九）御沟红叶　长三角形，高一寸二分

唐僖宗时，于祐于御沟中拾一红叶，上有诗曰："流水何太急，深宫尽日闲。殷勤谢红叶，好去到人间。"祐亦题一叶云："曾闻叶上题红怨，叶上题诗寄阿谁。"后娶宫女韩氏，见叶惊曰："此妾所作。"妾于水中亦得一叶，验之相合，若有天缘者。此石白纹如流水，左方突浮一红叶，

鲜艳无比，顿觉顽石多情，若为于祐、韩夫人作寄书邮者。因节录前事以名之，艳闻佳石，並为一谈，以实我小谱，亦可自慰矣。喜而为之铭曰：

泓水一湾，上飘红叶。造物神奇，疑现芳牒。题作良媒，鸾凤允协。艳传千载，斯石晔晔。

### （十）疏篱秋色　　椭圆形，长一寸八分

牵牛侵晨花开，日出而萎。朱子衡诗云："多少红楼昏梦里，不知秋色到疏篱。"盖托物寄意，以写其难言之隐，有慨乎其言之也。斯石紫色，有花十余朵，似牵牛盛开，露华助艳，野趣盎然。每遇秋来，抚弄斯石，履霜怀惧，不转瞬间，又见夫井梧坠月，堤柳摇风，而秋老矣。梦中人知之否乎？

### （十一）莫高石窟　　桃形而扁，长一寸六分

甘肃敦煌县鸣沙山有三界寺，寺旁石室千余，名莫高窟，俗名千佛洞，塑像造像傍及画像以数万计。相传符秦建元二年所建，较云岗尤古。斯石色黄而纹淡，古佛中立，左右二童子侍之，庄严法相，气象万千，始悟佛光普照，无处无之，亦莫高窟之流亚也。丁亥浴佛日，出而玩赏，因以名之。惜乎洞内秘笈，早为外人取去，迨国人知之，悔已莫及。灵岩奇石薮也，我国人其亦知宝爱之否？

### （十二）万里长城　　方椭圆形，长一寸二分

斯石质润如玉，黑白错出，有纹高低起伏，蜿蜒如长城，不特雉堞宛然，更有堡塞间之，巍巍乎恍如置身莽莽万山间。吾国数千年前之霸图天险，犹可想见。惜乎海禁开

后，藩篱尽撤，抚今思昔，又孰为吾国之长城哉。

### （十三）探海石 <small>椭圆形，长一寸二分</small>

泰岱绝顶，一石耸然，横插天际，东指渤海，西领徂徕，名曰探海石。丙子秋，余东游齐鲁，陟泰山，登日观，天风飘飘，振衣千仞，徘徊石下者久之。回首前尘，十余载矣，遍地逢烟，此乐不可复得。

竭来析木避兵，蜗居蛰处。一日偶将此石把玩，于蔚蓝天色中，忽现一奇峰，突兀雄奇，宛然与探海石争相雄长。风潇雨晦，独坐萧斋，软翠浮岚，生于几案，尚依稀如旧梦之重温也。

### （十四）金带围 <small>椭圆形，长一寸二分，宽六分</small>

斯石色浅粉，下浊上清，腰围黄带一条，艳丽无比，俨然一含苞欲放之芍药也，且系金带围异种，尤为可贵。相传金带围开时常少，开则出贤相，《芍药谱》曾以宋韩魏公验之。噫！天下纷扰，救时无人，惟盼余之石花早日开放耳。

### （十五）白绣球 <small>圆形，径一寸</small>

甲子秋，江浙战起。伯氏志瞻避乱，由石头城北归，过津旋里，贻我以斯石。石圆如球，色白纹绿，网布星罗，花团锦簇，令人百看不厌，因以白绣球名之。予一官久厌，满拟从伯氏早返田园，醉花弄石，以遣此消闲之岁月。不意万方多难，伯氏竟于己卯岁戎马仓皇中下世矣。鸡鸣风雨，睹物怀人，弥增鹡鸰之痛也。悲夫！

### （十六）一点红 <small>椭圆形，长一寸，宽六分</small>

右石白透明质，中隐浅碧纹，如春光明媚，众绿初霁，明丽鲜新，已足耐人寻味。而左角忽现红花一朵，尤浓艳动人，亦云奇矣。唐人诗："嫩绿枝头红一点，动人春色不须多。"此石此诗，堪称双绝。

### （十七）涂中曳尾 <small>圆形，径一寸二分</small>

斯石昔属王猩酉，形圆、色黄、深纹、龟背。猩酉以小石附益之，宛然肖四灵首曳尾泥涂中，见者戏名之为一笑图焉。癸亥，自金陵采石归，得有名春山如笑者，夸示猩酉，伊赞赏不已，欲求易。余难之，诡称非一笑图莫办，乃猩酉见新弃旧，竟易之而去。因戏谓之曰："龟山，君之门户也。门户已失，恐不能执石之牛耳矣。"此石仍供案头，猩酉今已化去，人生如梦，可慨也夫。

**张暎菴题**

嶙嶙晴淑背文明，同列四灵品益清。石隐翛然胎息稳，何如曳尾带泥行。

### （十八）琴高石鲤 <small>不规则长形，长一寸三分，宽五分</small>

右石长而稍曲，白玉质，浅黄色，遍布白圆纹。己巳年得于山右，往返数次，始克如愿。审之，鱼也，所奇者，鳞鳍宛然，唼吸仰沫，掉尾浪里，悠然自得。置水中观之，恍如惠、庄之在濠上也。时恐琴高先生来，骑之而去。

**李啸秋题**

偶现游鱼荇藻明，冰心能得水之清。应知变化投沧海，便可乘风掣浪行。

满身鳞甲玉晶莹，赢得骚人费品评。仿佛惠庄濠上乐，莫弹短铗说劳生。

### （十九）鼫鼠之裔 扁椭圆形，长一寸三分

癸亥秋，余第二次赴宁采石，无大获，颇郁郁，遂函伯氏志瞻续为物色。是岁果又得佳石四百余枚，以斯石为最奇，一面黄、白、灰三色相间成文，细润可玩；一面丝纹如环，其中有灰色物似鼠，蜷伏如生。欲锡以嘉名，苦思不得。名之者，永清刘云孙也。王充《论衡》："天干十二属，以鼠称首。"若能再获其他象形者，俾成全璧，亦一乐也。斯石其嚆矢乎，日夜祷之矣。有嫉之者曰："象形固佳，然又何取乎世人所恶之鼠，恐污君万石斋耳。"余一笑置之。

#### 程卓沄题

鼠肝虫臂意如何，藐藐吾生付饮河。未识社君山中称社君者，鼠也。见《抱朴子》真面目，只缘山径白云多。

### （二十）百兽之长 椭圆形，长一寸二分，宽八分

石浅灰透明，具深刻纹，形似虎。目耽耽焉，欲逐逐焉，口怒张作噬人之状焉，雨啸风从，百兽震恐之威。若有存者，君其学大人之变，幸勿效季龙之凶暴也。顽石！顽石！能为我点头乎？

#### 李啸秋题

拳石玲珑犹著相，形如虎踞尚桓桓。他年伏卧荆榛地，好与将军立马看。

### （二十一）鹿逐中原 <small>圆形，径一寸四分</small>

鹿逐中原者，以石象形名之也。质褐，外作两重黄色围绕之，中间幻出一黑色之鹿，长角双耸，作奔驰状，虽赵高再生，亦不能指其为马也。昔者秦失其鹿，天下共逐之。今也化而为石，万石斋竟巧遇之，亦可自豪矣。因为之铭曰：

圆石寸余，突现麋鹿。双角杈枒，奔驰电速。天下汹汹，竟来尔逐。终获何方，灵岩空谷。

### （二十二）凤鸣朝阳 <small>椭圆形，长一寸二分</small>

凤鸣朝阳者，甲子岁所得石也。黑质而黄章，正面纹形似凤，人初不知，余穷数年揣摩，始发现者，睛喙毕具，羽翅皆备，若自左飞来，故作右顾之状。翱翔千仞，意态自如，谓为瑞鸟，诚非虚语。噫！世百唐虞，凤鸟不至，孔子已有已矣之叹，况后世末流乎？凤兮凤兮，何时破石腾空飞去，娑婆世界，使由暗昧重返乎光明耶？

#### 李一菴题壶中天

灵岩舞凤洞天边，不羡艳红骇绿<small>石中凤形作黑色，故云。</small>阿阁巢痕何处是，化石也怜清独。楚佩娇衔，玉箫谁倚，凄断青门曲。题门休问，故乡空剩茅屋。

枉说哕哕朝阳，记来仪纪瑞，前闻犹熟。妄想丹山飞彩翼，照例栖桐食竹。补就天空，招回云外，拟向娲皇祝。相期鸣盛，和声争引鸾鹄。

### （二十三）黄鹤归来 <small>扁椭圆形，长一寸五分，宽八分</small>

石黄色，深刻纹，形如鸟。细察之，圆顶长喙，羽衣蹁跹，乃一鹤也。千里凌烟，九皋吠月，何时又飞来石中？浩劫屡经，城郭更非矣。感而为诗以纪之曰：

是否当年丁令威，何时化鹤石中飞。悲歌枉洒忧时泪，沧海横流日益非。

### （二十四）苍鹅化身　半椭圆形，长一寸二分

鹅之黑者，名曰苍鹅。斯石透明，白质黑章，肖一鹅游水中，巨口长颈，尾短躯肥，而羽毛均黑也，此即苍鹅乎。昔太康中洛阳地陷，出二鹅，苍者冲天飞去，白者不能飞，晋祚从此式微矣。噫！昔之冲天飞者，得勿入山而化此石耶？

### （二十五）月里蟾蜍　扁椭圆形，长一寸二分

《后汉书》注载："羿请不死药于西王母。羿妻嫦娥窃之以奔月，变为蟾蜍。"《水经注》载："汉水东郧阳县之山有石虾蟆。仓促观之，与真无别，此石黄色而曲股，巨口鼓颐而目突出，初本疑为郧阳之石虾蟆。"又记《玉溪诗》云："月娥未必婵娟子。"是变为异类，似可征信，故以其化身名之。姮娥有心，应谅予之唐突美人也。

### （二十六）鸡鸣天上　长圆形，长一寸，宽五分

《神仙传》载："淮南王白日升天，余药器置中庭，鸡犬啄之，尽得升天，故鸡鸣天上，犬吠云中。"斯石灰质，前后两面，各酷肖一鸡，黄羽而红冠。所异者，即正面鸡冠稍昂而已，盖一雄，一雌也。岂仙去后，与嫦娥同感偷灵药之悔，故留此小影于人间耶。

### （二十七）蜘蛛结网　凸圆形，长一寸

右石色黑透明，白丝纹布其上，由小而大，层层如蛛丝。中更伏一蜘蛛，若正运用机巧，惨淡经营，布网曳绳，坐待虫豸之投入，使充其腹者。嗟乎！后世不少霸才，予智自雄，每思垂天络地，以供方丈之御，当以此石为师而一拜之也。

### （二十八）女娲遗才　长圆形，长一寸三分

右石系王猩酉所赠，以结缟苧欢者，炫烂辉煌，色备五彩。《淮南子》谓：女娲炼五色石以补天，向常疑其妄诞，乃抑又闻之天上落星，化为顽石，果天为石造欤！此石既未同升之天上，化为万丈光芒，独抱璞守真，供吾案头清玩，不肯随人炎凉，亦石中隐士与吾同志者欤。噫！

### （二十九）达摩面壁　形圆而凸，高八分

《神僧传》载："初祖达摩自天竺泛海至金陵，与梁武帝语，不契，折芦渡江。至洛阳，卓赐于嵩山少林寺，面壁九年，形入石中。"斯石淡黄色，若有人分，跏趺面壁坐。闻人云："观音现相于普陀，此石其达摩之化身欤。"余癖石三十载矣，昼夜与群石晤对，竭来潜心默察，石中竟无我相，岂有漏根欤，抑精诚未至耶，为之一叹。

### （三十）生公说法　长圆形，高一寸

晋僧竺道生入虎丘山，聚石为徒，讲《涅槃经》，群石皆为点头。斯石中有一老僧，衣黄袈裟，岸然道貌。群石环之，岂道生之遗像欤？噫！人为万物之灵，乃多误落尘网，扰扰攘攘，数十年不悟，何哉？屠刀放下，立地成佛，

惜不得生公为之提撕而警觉之也。

**（三十一）创世舆图** 扁平椭圆形，长一寸八分，宽一寸

常怪上天造物，日月星辰，定有神秘之稿本。不然何以四时行焉，百物生焉，有条而不紊若此？斯石黄色凸纹，可拓印为图，正面圈点无数，宛若舆图，古拙可爱，或者系造物神秘之稿本乎？质之上天，上天不我应也。其背面有人物、鸟兽，又若汉代石画，或即图腾时代族徽之所由起，灵岩石亦灵矣哉！刘云孙为之赞曰：

女娲炼石，惨淡经营。火山崩裂，石破天惊。精卫之精，灵岩之灵。

**（三十二）鸟篆残文** 三角形，横一寸四分，高一寸

右石乃一奇纹之石也。深褐色，遍布不规则之白色深纹，或直、或曲、或圆、或方，朴拙雅丽，酷肖上古残存之文字。殷契欤？鸟篆欤？虫篆欤？抑蝌蚪文欤？令人不可测也。

**（三十三）暗香疏影** 扁椭圆形，长八分

暗香疏影者，甲子秋伯氏志瞻所赐者也。质黄而润，突有嫩绿枝条四五，斜插石面，作巅崖树倒垂之势，枝上粉红花纹绕之，鲜润艳丽，宛然一树红花也。"认桃无绿叶，辨杏有青枝"，当为此石咏。王冕之图，和靖之诗，或从此中悟入。至于背面，一林蓊郁，万花齐发，无异登孤山涉梅岭，似有暗香随清风徐来也。

**（三十四）寒松覆雪** 石长八分，横六分

右石白色透明，两端不透明而白益显。其上具深绿

纹，在灵岩石中已属神品。昔人云："谷静云生石，天寒雪覆松。"斯石有焉。马鬣龙鳞，苍髯白甲，郁郁森森，涛声怒吼，若与风霜战者。孔子曰："岁寒，然后知松柏之后凋。"偶抚斯石，萌然兴感。石兄！石兄！冰晶而雪清，不化为金玉之精，而变成奇崛之形，吾其与汝定岁寒之盟。

### （三十五）残荷听雨　狭长形，纵一寸，横五分

石苍绿色，以黄白间之，肖经霜残荷。玉溪生诗："秋阴不散霜飞晚，留得残荷听雨声。"吾与斯石有同情焉。

### （三十六）落花魂　长扁形，长一寸，宽五分

易实甫七岁时，登黔阳城楼，咏晚霞云："人世胭脂无此色，是他万古落花魂。"妙句天成，神童也。斯石于绿树浓阴中，突现胭脂色，艳丽绝伦，若将晚霞写入画图中，万丈光芒，不可逼视，亦神矣。因以易诗名之为落花魂。

### （三十七）苍苔韫翠　半椭圆形，长一寸

右石甲申年所得，崔黄鹤遗石之一也。绿色，细润无比，置水中则突起蒙茸，苍翠如茵，更有落红数瓣，点缀其间。东坡诗："国香和雨入青苔。"若以之形容此石，可谓尽致，因名之曰苍苔韫翠。

### （三十八）烟云清供　椭圆形，长一寸

石质白透明，翠色中含，宛然峰峦叠秀，烟云缥缈，一幅设色山水，虽荆、关、董、巨之笔不能过也。《妮古录》谓：黄大痴九十而貌如童颜，米友仁八十余而神明不衰，盖画中烟云供养也。果如此，灵岩奇石，又应名为特健

药。学长生者，更不必傍游泰、华，远求柱史矣。

### （三十九）周郎赤壁　扁椭圆形，长一寸

紫髯公火攻赤壁，千古奇事也。苏眉公两赋赤壁，千古奇文也。迄今江水悠悠，元遗山所谓烧虏余踪，几于无处寻觅矣。不意此石，突起青峰，峭立江上，大有"乱石穿空，惊涛拍岸"之势。而造物神笔，更以赤色点染之，顿成一幅天然赤壁图，是亦千古奇石也欤。风清月白，酒酣耳热时，当对之歌一曲"大江东去"也。

### （四十）孤舟破浪　扁平形，横一寸，纵八分

斯石紫褐色，杂白纹如乱丝，系灵岩石异种。细察之，若骇浪惊涛中孤舟荡漾，真天然一幅画图也。且其舟篷帆毕具，一老人独坐船头，意态安闲，似饱经患难，不以风涛为意者。吴梅村诗云："白浪掀天一叶危，收竿还怕转船迟。世间无限风波苦，输与江湖钓叟知。"斯石近之。

### （四十一）帐下美人　球形，径七分

石白质，五彩文，已足列为上品。而其侧面，且幻出二美女，似姊妹行，一修一短，长袖翩翩，相对作回风舞，云鬟雾鬓，若隐若现，于此可悟造物之奇。嗟吁！龙蛇日斗，草木风腥，正战士军前半死生之时，奈何帐下美人犹歌舞耶。偶览斯石，为之三叹。

### 李石孙题

一丸清影溢光寒，体态风神画亦难。帐下婆娑呈妙舞，羞将正面与人看。

### （四十二）狸奴造像　　椭圆形，长七分

余性癖石复爱猫，常戏谓石静而猫动，合之始为双美。斋中既蓄石多方，客春买鱼穿柳，又聘一狸奴，左拥右抱，软红十丈中，以为与木石居，与鹿豕游，无以异也。丁亥二月，偶于石中发现一黄色之猫，面内向作嬉戏状，宛若写真。有如杜工部所云"玉花却在御榻上，榻上庭前屹相向"者。斯亦奇矣。吾弟仰羲曰："有此猫然后有此像，何奇之有？"或曰："精诚格天，斯石故意幻化以慰君思耳。"是二说，然欤？否欤？

### （四十三）槐安蚁阵　　扁圆形，径八分

石圆如秋月，白质而黑章。审视之，若槐安国蝼蚁战正酣也。为之铭曰：

石藏蚁穴，苦斗酣争。血流漂杵，盈野盈城。上天造物，厥德好生。胡又瞆瞆，遍地称兵。上刑罔施，忝我神明。

### （四十四）肺石遗迹　　半椭圆形，长八分

《周礼·秋官·大司寇》："以肺石达穷民。"郑康成曰："肺石，赤石也。"郑锷曰："人之气由肺而通，石之形似肺而色赤者，使穷而无告之民。"立于其上，冤抑之气，由此而通，古之善政也。斯石色赤乃似肺，岂肺石之遗迹乎？呜呼！斯道不行也久矣，孰念哀哀无告之民哉。

### （四十五）庄周梦蝶　　系两片长圆形合成，长一寸

斯石天然，两片混合而成，浅粉色，白花纹，酷肖一蝴蝶，栩栩如生，亦灵岩石之瑰奇者也。昔者庄周蝶梦，不

知周之梦为蝴蝶欤，蝴蝶之梦为周欤？二千余年后，更不知庄周及蝴蝶之又梦为石也。

### （四十六）叱石成羊　不规则长圆形，长一寸二分

昔黄初平牧羊得道，其兄黄初起往寻之，问羊何在？曰："近在山东。"初起往，但见白石，初平叱之曰："起，起。"于是，白石皆变为羊，神仙诡异，传为美谈。斯石洁白如玉，作羔羊卧伏状，非琢非雕，乃天然生成，岂黄初平之遗迹欤？一人得道，鸡犬皆仙，恨不为初平之羊也。

### （四十七）瓶中石隐　长形，高一寸二分

灵岩石经水冲击，磨荡日久，多异形。余藏一黑石，短颈长腹，小口圆底，与瓶无异。且近瓶口处丝纹绕之，竟与瓶盖相似，真绝品也。昔申屠有涯时跳入瓶中，称为瓶隐。吴毅人尺牍中，有逼人入藕孔中语："满地干戈，隐无可隐。"无计学休〔修〕罗之藏身，惟慕瓶隐，惜石瓶不能容也。

### （四十八）弁转疑星　扁平层状坡形，长八分

石黄色，层状坡形，酷肖近代军人之冠。不特帽顶、帽沿、帽箍具备，甚至帽徽亦未之遗，灵岩石像〔象〕形之奇，至此极矣。因念今之军帽，古之弁也，用梁周与嗣语，名之曰弁转疑星。

### （四十九）春江水暖　椭圆形，长八分，阔六分

石系透明质，翠藻中含。初余选石只六十四，以符《易》数，另有优者，则更易之。近又得此石，及祥云瑞

鸟，窃为此两石幸。祥加审视，绿波荡漾，有双鸭浮水上。眉山诗云："春江水暖鸭先知。"殆为斯石写照。诗中画，画中诗，别饶风趣，令人翛然意远矣。

### （五十）祥云瑞鸟　椭圆形，长八分，阔六分

形、质同前石，透明体中含一飞鸟，朱喙黄颔而翠羽，振翼翱翔，高入云际，缥缈隐现，可望而不可及也。余昔有一石似凤，此其凰乎，珠联璧合，相得益彰。凤求凰欤，凰求凤欤，何幸均至我斋中耶！

### （五十一）林中白熊　椭圆形，长六分

神禹疏九河，瀹济漯，决汝汉，排淮泗。大哉禹功，微禹，吾其鱼乎？闲常考颜师古注启母石曰，禹治洪水，通轘辕山，化为熊。塗山氏惭而去，至嵩高山下化而为石。汉武帝东巡祀中岳，亲见夏后启母石云。丁亥春，侘傺无聊中，获一石，绿树丛蔚，白熊伏焉，岂神禹所化之熊，又化为石耶。

### （五十二）翠藻赤鳞　椭圆形，长八分，横半之

此石黄绿色，不透明，乍观之乃一常品。惟其左角上端，突现弯曲水纹，于透明体中露殷红一片。其质既殊，其色亦异，遂不以常品视之，但亦未知其奇也。丁亥二月之望，与内子同观此石，内子独惊异曰："此石似金鱼一尾，优游翠藻中。"谛视之，形神果肖。计得此石已数十年，今日方见珍赏，余滋愧矣。内子慧心固余所不及，抑灵物之显晦自有时耶。昔米友石好石，其妻陆夫人听石在袖中相戛击，便知其文绮泽润，不烦目睹，赏鉴之精，友石称为怪

异。是癖石者不独有赖于良师益友，贤内助尤不可无也。

### （五十三）海外冰蚕　狭长形，纵九分，横四分

石狭长，透明质，细润如未见风之石髓，灵岩石异品也。一端色白纹横，若蜂蝶之腹，一端淡粉，又绕以白圆，似昆虫之睛。《琅嬛记》所载，异域冰蚕，或即此乎。时维盛夏，适修此谱，若得此蚕，织就冰丝，制为纨扇，不摇而自凉，亦一快也。

### （五十四）全我茧丝　圆柱形，长八分

赵简子以尹铎为晋阳。请曰："以为茧丝乎？抑为保障乎？"贤哉令尹，使天下亲民者，均以民心为心，化干戈为玉帛，固意中事也。斯石柱形而混圆，黄色丝纹，置茧中难辨其真伪。果上天造石，其有警世之微意欤？抑吾之爱石成癖者，妄作此想欤，可慨也夫。因为之铭曰：

石形似茧，足以乱真。梭抛银汉，怅望天孙。全我茧丝，不为苛敛。保障斯民，空悬此念。水深火热，吾生不辰。赖有此耳，一拳万缗。

### （五十五）瑶草琪花　长三角形，纵八分

斯石质黄绿，杂以红、白、紫诸色，为灵岩石中罕见之奇品。偶玩之，锦茵绣幕，疑涉仙境，又惚如莺飞草长，杂花生树，江南风景，不图于石中想像〔象〕得之，亦一快事也。

### （五十六）一叶知秋　不规则三角形，高六分

斯石白沙为体，红纹凸起，作双环形，中央略似一叶，飘荡于白波间，实灵岩石中难得之异品也。每占思不得

佳名，忽读《淮南子》有"一叶落而天下知秋"句，又唐人诗云："心绪逢摇落，秋声不可闻。"遂于掩卷三叹之余，以一叶知秋名吾石。

### （五十七）神镂玉佩　扁椭圆形，长六分

《礼记》："古之君子必佩玉。"盖以君子比德于玉焉，斯石色白，温润如玉。尤可贵者，更有天然雕刻之螺旋花纹浮于其面，重重叠叠，不计其数。荆山乎？蓝田乎？恐不出灵岩之右也。因以神镂玉佩名之。古人云："韫椟而藏诸，求善价而沽诸。"吾于此石，终身以之，虽万金不易也，又何善价之足云。

### （五十八）智珠在握　椭圆球形，长五分

石为椭圆球形，天然生成，不假雕琢，色黄似栗〔粟〕，质润如玉。尤奇者，更具雪白点三，如三星之丽青天，外绕以红黄丝纹数重。上天造物，孕秀胎灵，均钟毓于斯耶！昔有珠，人握之，智慧顿生。石其为智珠乎？因以名之，以质诸世之先觉者。

### （五十九）万斛珠　椭圆形，长八分

斯石以纹擅长，亦灵岩石中之奇异者也。胎肤透漏，色浅红，具白色鳞纹，或大或小，或隐或现，累累然如万斛珠，精光逼人，难以名状，不知果为楚之白珩乎？抑宋之燕石乎？自我得石，什袭藏之，二十余载矣。虽笑有宋愚人之愚，亦无悔焉！

### （六十）纤纤弓影　不规则圆形，纵横四分

灵岩石像〔象〕形之奇，有出人意表不可思议者。此

石赭袍腰玉，从余二十余年矣，丁亥春随众石列几上，余忽拍案大呼。家人惊集，笑余狂，余示之曰："何来莲舄，入吾石中。"群相争睹，莫不称异。盖其凸起红纹，乃酷肖一红绣鞋，瘦小尖弯，无不具备。尤奇者，莲瓣上更显天然绣成美丽之花枝，虽精于女红者，亦为之赞美，神乎技矣。尝观《采菲录》所选"凤舄画图"，千态万状，无若是之巧者，可怪也。昔米海岳拜石为兄，吾将呼此石为姊。

### 自题

仙子飞来海上山，醉遗莲舄落尘寰。一拳竟现初三月，故意撩人露半弯。

### （六十一）指南针　三角形，长六分

此石大如拇指，白螺文密布其上，中亘黑色文二条，碌碌庸庸，以常石遇之。乙丑年冬，快雪时晴，于窗下玩石为乐。内子谓余曰："此奇才也，二条黑文之间，中含一黑色长针，若隐若显，忽动忽静，迟速协率，转移灵敏，与指南针无异也。"初尚未信，视之果然。按之物理，固为折光作用，而灵岩石突现奇迹，何夺造物之巧若此。余自信精于相石，乃相随数年，而有遗珠之叹。幸山荆与余同好，竟能赏识于牝牡骊黄之外，从今以后，不敢复相天下石矣。

### （六十二）弥勒佛　凸圆形，高三分

右石淡黄色，圆形，其上更凸起如珠。乍视之，乃一弥勒佛造像，大腹便便，笑容可掬。《净名疏》云："释迦灭后五十六亿七千万岁，当下降人世而成佛，即弥勒佛也。佛日出世，普度众生。"惜乎修罗好战，苦我黔黎，找佛

虽发愿，不知何日完成。吾生也有涯，恐不及见矣，静对石佛，惟有于梦寐中求之耳。

### 李石孙题

一尊弥勒现贞珉，相好庄严看更真。豆大法身应供养，须知世界等微尘。

### （六十三）五色线 椭园形，长八分

斯石具五色螺旋纹，层层围绕，间以褐、绿等色，灿烂缤纷，悦人心目。《风俗通》载："闺中于七夕乞巧，取五色彩绳系臂上，谓之五色长命缕。"巧哉斯石，竟于七夕得之，其为织女之支机石乎？惜不得乘槎泛牛斗，归向君平一证之也。

### （六十四）天孙锦 椭圆形，长八分

庚申年，赵鹤一代采石百余枚。除夕北上，会于猩酉寓。石友环聚，品色论纹，极一时之乐。其中以此石及名菱塘萍藻者为最佳，猩酉尤爱不忍释，当以菱塘萍藻分赠焉。轻裘肥马，尚与朋友共之，况石乎？斯石色紫，以纹胜，光润滢澈，白纹如织锦，且于艳丽中更含古淡之趣。若非天孙妙手，人世间恐无此物也。因名之为天孙锦。

庚申除夕赠猩囚灵岩石一枚。丁亥秋，猩酉病亟，遗言设有不讳，石仍归原主。噫！吾两人交同金石，生死不渝，聊成律句，情见乎词。轮远。

病中怀旧雨，死尚念他山。不是仇池借，奚求合浦还。喜君天默佑，笑我性仍顽。欲往从之子，关河道路艰。

# 二十四、《万石斋石谱》附抄关于灵岩石之记载

历代及近世关于灵岩石之记载、诗文颇鲜，偶或有之，又多散见于丛书及笔记、杂志中，检阅殊为不易。兹将余平日搜集所得，择其富有兴味者，附录于石谱之后，以公同好。戊子冬月轮远志。

## （一）《灵岩石说》　《图书集成》

灵岩山之西涧名玛瑙涧，石卵充斥，砂砾杂之。内有文石，雨后流露，然玉质天章，色不啻五，或一石专以一色擅美，或一石备美众色，多作云霞、星日、峰树、水藻之状，天成幻出，思议不及。略摹其似，丹砂逊赤，水碧让绿，茄花歉紫，栗胎输黄，脂肪愧白。更有间色，倍难粗拟，其或水墨青空，不炫他采，亦别具格外风韵。俗子好以菩萨、人物、禽虫貌之，强加名目，殊不知果有天然肖像，不待强名，如其依稀，徒秽山骨。若夫天光旧灿，肤胎透漏者，入手夺目，不待贮之清泉、涵之旧陶而后发色，此神品也。有奇文非乏，天光稍盷而色胜其骨者，必待入水，若助其姿，屈居二乘。其或章美内含，有璞其蕴，必假砺琢，庶免按剑，及其后天莹澈，璧彩尽呈，有目共赏，较前二流，亦不易以甲乙论也。但不称为玉者，玉质光润不露，此石子神明太露耳。外国玛瑙有此石子之润，而无其文，至世俗所云缠丝，斯属奴隶矣。吾邑赏鉴家，谓之没石气，以端圆扁薄为贵，倘轮囷奇奇，虽石子佳，亦不免汰而居追琢成器之列矣。

　　岩以灵称，旧未闻厥旨，而孕石子乃尔。灵斯极矣，但谓之石子耳，虽非玉非玛瑙，而其实有玉与玛瑙不能及，故足贵也。往日览诸地志，所载如南京聚宝山雨花台侧产玛瑙石，想古时生育或盛，今虚语耳。又杭州有玛瑙坡，在西湖孤山之东，碎石文莹如玛瑙，然人多采之以镌图篆。又顺德府尧山出文石，五色锦章。又登州府丹崖山之下，峭壁千丈，水中有小石，状如珠玑，或如弹丸子，岁久为海浪所磨，圆洁光莹可爱，苏子瞻尝取数百枚养石菖蒲。又黄州府聚宝山多小石，日照之红黄灿然，即苏子瞻取作《怪石供》，以寄佛印者也。近日袁玉蟠《□□□〔白苏斋〕集》中记游云："余家江上，江心涌出一洲，长可五七里，满洲皆五色石子，或洁白如玉，或红黄透明如玛瑙，如今时所重六合石子千钱一枚者，不可胜计。余尝拾取数枚归，一类鸟卵，中分元〔玄〕、黄二色；一类圭正青色，红黄数道如秋天晚震〔霞〕。又一枚墨地布金彩，大约如小李将军山水人物。东坡《怪石供》所述，殊觉平常。藏簏中数日，不知何人取去。亦易得，不重之耳。如前地志所载，名实难稽，古多虚美。"如近日袁玉蟠所记，如六合石子不可胜计者，恐纵佳不过缠丝、锦纹止耳，有如六合之没石气者乎！玉蟠新参石牙，浪作雌黄，未必石之董狐，当非笃论。且六合好石子真没石气者，正不多到进贤冠眼孔来耳。

　　灵岩童童，以饶众牧。故牧子于崖上下过涧搜剔，得石子多瘗之田塍间，私识其地。俟游山客有问石子者，出升许才换得饼饵数枚去，然亦难得奇石。此余龆年时结交石丈事也。里中人亦有收藏家，然乏表章之力，虽有圭璧，难享连城。乃有新安程别驾，侨居长干里，作醉石斋，斋中所藏石子甚多，如郇厨邺架，列盆盂成队。一石奴唱石名号以见客，号多鄙俚，以石亦多粗俗故也。焦太史弱侯先生作《醉石斋》诗，有"摩娑承碧草，斑驳带清泉。锦文纷灿烂，玉质谢雕镌"之句。其他名人赞咏不具载。此时价亦未甚腾贵也。里人迩稍竞奉贵官，广市希有，不惜数千钱，以备筐筐之末。而贵官又多耳食，或得空青水碧，乃犹憾于不缠丝。余尝闻之，不觉喷案。噫！千秋以来，独一石子难遇知己哉！万历戊申，北地米仲诏先生来令吾邑，以南宫法嗣，特具只眼，善于激赏，自悬高价，殆十目罗之。一时吾乡收藏家，或多贫士，割爱献琛，恐误厚直，或代赠剑，亦幸其得所主。遂至荷锸之徒，斫山斧壑，先期候雨，冲流搜讨，如鲮结甲深穿山骨。获一文石，既剖腹为藏，以待举火，然皆不之里中旧收藏家，而之米令，君做声捏璪，遂至与明月、车渠、木难、火齐相伯仲。是时，地亦不爱宝，一片玛瑙涧，几不胫而走入宝晋斋中矣。噫！一石子显晦亦有时也。

仲诏先生既富有文石，复雅多贮石之器具，上者官、定、旧陶，下亦不失为宣德间窑器，大小异涵，寡众殊置，全不仍俗子十石一盘格。或离之以标双美，或配之以资映带，清泉易涤，锦绮十袭，衙斋孤赏，如在珠宫宝船中，手自品题，终日不倦。或清讌示客，拭几焚香，以次荐目，激赏移时，授简命赋。不则亦必饮客一蕉叶，赏之已，乃呼童子引捧，而宅其旧所，更呼别涵以荐。或从衣袖中出尤物，一博奇赏，则余所称"光彩蒨灿，肤胎透漏，入手骇目，不待贮之清泉而后发色"者也。余谓仲诒先生，昔米颠奇石，只是树表峰岫，及灵璧研山之族，初不闻有如今灵岩石子，可用充衿佩而饰盆盎者。先生无米颠所有，乃复有米颠所无，异日可备湛园中一段石史。先生曰："余内子陆夫人赏鉴石子尤怪异，但听余袖中石子相戛击，便知某石以文绮胜，某石以泽润胜，审音定品，不烦目击，出石视，一一如券。"噫！然则此石子与米家有宿因，又不独以先生癖嗜故矣！先生藏石既有声，簪绅中征求颇重，或者樵青宋祎，时充赐婢，绝未尝遣王昭君入胡也。余每为答求者曰："非无明珠，但骊龙睡时故难遇。"闻者掀髯笑去。

石子以灵岩著称，其实横山、马鞍山、鸭山皆产之。卖石人各山披拣来，却只挂灵岩名目耳。各山石子不乏绮绣，然玉质朗润，正背通透无翳障，则灵岩独也。石质坚，且离涧穴久，易燥，故居平宜常换清泉浸渍，以养其脉。天落水次之，河水又次之。井水绝不堪用，令石体透涩滓秽，又不宜油手触污，斯二者皆石刑也。王文学忠全家多藏石，常语余得一奇石，沃以泉水，闭置一瓦瓿中，安柱础畔者久之，偶一取看，则大石下孕生小石子累累数十枚，或若雀卵，或若蚕豆粒，其色皆稚嫩可爱。尝闻隐居云：云母以砂土养之，岁月生长，定当不诬。余乃叹，既离山矣，生意孕育尚犹不可御，况其深宅地肺，得山泽之全气，其嗣续顾可测哉。

余家在昆山而不能蓄良玉，亦一缺陷也。时过，从里中藏石诸家，如袁二川、王忠所、朱鹭洲、褚明自，以博一饱玩。仲诒先生尝让余不藏石子，对曰："货恶其置于地也，不必居于已。"先生曰："君但未知其趣耳。"然苟得其趣，安问主宾。近日诸公石子，藏亦几为传舍也。而忠所特精品石，乃取石之质美而局延袤者，以供镌镂，作环、玦、炉、鼎、扇、牌之属。自匠新意，取势拟物，就色造奇，种种可赏。但作簪难其料，然短簪正宜我辈人蒜发耳。异日有补著《宣和博古图》者，不得少王氏灵岩石一段也。余亦得忠所所制石荔枝十数件，绝佳。初藏之未尝不坚，顷乃渐羽化去，入米囊中，为八口瞰尽。余洒然笑曰："古人犹煮石粮，我幸不烦煮。"

灵岩石极难状，非不欲状其妙，然反将活物说向死去。使孔门论石，恐宰我、子贡未必登言语之科耳。近里中人或择唐人诗貌之，亦多属点金成铁手。吴城徐警栎旧爱石子，尝图其所藏石子为一谱，付不佞为序，传示好事。不佞逡巡，未有以应之。非鲁人不识麟也，盖图以五彩，业已失真，勒之剞劂，何啻千里。余不独叙石子之难，亦叙其谱石子者难也。今其谱尚留余所。顷闻仲诒先生已属〔嘱〕吴文仲，图其家藏石子为一卷，而授时贤题咏之，此自其书画船中家常饭也。然余常〔尝〕纂《灵岩小记志》一书，当向先生钞一本来载志中。

《灵岩石说》见于《古今图书集成·方舆汇编·坤舆典·石部杂录》，未著撰人姓名，究为何氏所著，尚须待考。按其记中所载年代，乃与米友石同时，当系明万历间人，对灵岩石推崇备至，论列极详，旷绝古今，堪称杰作。至其文笔之雅洁，叙事之明确，犹其馀事。余石谱选成，始见斯记，意见多相合处，盖亦数百年前之同志也。惟其于石，以"章美内含，有璞其蕴，必假砺琢，庶免按剑"之论，及王忠所"取石之质美而局延袤者，以供镌镂"之说，则背乎天然之美。焚琴煮鹤，未免大煞风景。记末所载，米友石属吴文仲，图其家藏石子为一卷，伊并纂《灵岩小记志》，惜其书均不传，不知此石尚在人间否？如有之，望公之同好，以惠后学，幸勿作枕中鸿宝，秘而不宣也。

丁亥夏，轮远记

## （二）《灵岩石子图说》

### 胥自勉

世所珍者金玉，然金非锻炼，玉非琢磨，美无由成。惟棠邑之灵岩良石产焉，大以成大，小以成小，千态万状，天然之巧。有一石具一色者，有一石备数色者；有聚散隐现，宛若天象者；有挺立坐卧，肖形神人者；有飞翔骇伏，盘结勾萌，若鸟兽卉木者，难以枚举，虽鎏镠铍铣，瑰玮璘瑶，莫过于兹。昔元晏先生嗜书，嵇中散嗜琴，靖节先生嗜酒。仲诏先生独嗜石，亦其胸中磊块，李白所谓"五岳起方寸，隐然讵能平"者耶。其所存，绘图而甲乙之，千百载后，散在天壤间，观斯石，览斯文，庶几不以礓砾视之也。

### （1）三山半落青天外

三山层叠，而见有水光一派，绕上山右嘴，回绕中山左渚，复转环下山之右而左。

又一石子，色白如莹，上浮黑圈花大小十九，花作细缬，层层圈结，隽媚不可名状。其色似新墨浮水面然，大类湘妃竹斑。

（2）双凤云中扶辇下

石类碔砆，上结层云，淡红色，有双凤眼。

（3）龙衔宝盖承朝日

石作丹霞映海，如世所云红玛瑙，中有二龙，沉绿色，上覆红云，冠以白玉山，云中似有初旭欲升状。

（4）门对寒流雪满山

千山俱积雪，有寒流一带，旁开一扉。

又一石，层山间云上作五色轻云，中间作白云飘渺映带意，下有两重山，俱细润如画，树木交加，下有一红竿。

（5）绿树阴浓夏日长

云作轻红色，布护深林，树木蔽芾，绿阴覆野，傍有旭日，金黄映出林木之上。

（6）山光积翠遥疑碧

层峦积翠，峰作斧劈绉〔皴〕，色如石青新拭者，峰耸秀几不可模。

又一石，花缬作圈十数枚，俱淡鹅黄色，在白石地上浮起有痕，如蒲〔葡〕萄百丈蔓初萦。

（7）天孙为织云锦裳

五色云霞，灿然夺目，竟无可名状。

又一石，两崖夹涧中，有一瀑布悬崖而下，左崖忽涌一芝，长茎挺出，上下俱有白云护之，芝白黄色。

（8）平章宅里一阑花

旁竖太湖石，玲珑洞穴，穴中映出红绿似花叶，然其上级牡丹数枚，花叶俱备，五色烂漫。

又一石，遍地作酒黄色，而似有云气往来其上，质润而温，文淡而雅，名为黄琮，语不虚矣。

（9）雨中春树万人家

雨山远近，黛色浓淡相参，烟树中有人家无数，有云合雨来、千山欲暗之状。

（10）桃花流水杳然去

从流水一派中，映无数桃花，旁起波澜，回绕有致，亦如岸夹桃花锦浪生。

（11）疏松隔水奏笙簧

石作铁色，映出松云、泉石、水草交加之致，中露一碧环。

（12）请看石上藤萝月

石色淡白，映起两岸青山。绿藤黄叶，岸前错杂，似有明月光隐见藤萝之上。隔岸山下，有二人扶杖玩月。上有悬崖之树，下有夹岸之芦，细润可鉴。

又一石，质如冰玉，而杂浮水墨花，如湘竹之斑，深浅各极其致。斑大小五十余，冰间之文有界道。

（13）潮生瓜步

浪头俱白色，如涌雪，水浪淡沉香色，上有轻白层云，一如白头浪里出溢城。

（14）庐山瀑布

重山叠岭，白云间之，远水飞来，作千丈瀑布，障其洞前。

（15）琅琊古雪

古干秀质，如缀梅蕊数十，兼有暗香浮动、疏影横斜之致。

（16）藻荇交横

石亦玉映，中有水藻，丝丝秩如，而时间以红活色。

又一石，作玉色，中有宝光映耀。从日下照之，如水欲滴，几不可迫视，有紫色花浮其上。

（17）万斛珠玑

轻绿、淡黄、浅紫色，皆错出其中，累累似鱼子欲化状，名曰珠玑。

（18）苍松白石

石色微白，上有松针八九枝。每枝作沉绿圈，圈道围一金黄色，上下有白石山相对。

## （三）《六合县志》

东坡先生，黄州在江崖，细石第有温莹如玉，或深浅红黄之色，或细文如人手指螺文。又一枚如虎豹者，有口、鼻、眼处而已。余乡王藩幕家有一大石子，中具兜尘观音像，面目踘跛，俨然如生，衣裓亦复分晓。又程别驾家南门外，有石子累数百，有白质五彩文，或黑质素文，中或现北斗七星，或具山川草木状，或具鸲鹆眼，或如桃丝竹根，圆点数十，斑驳如图，或赤如丹砂，或岩如翡翠，种种奇特，不但如《东坡志林》所书矣。石多出六合山中，今尽为人掘取，如前记一枚，可值数千。余少不嗜石，有兄守一，恒以六合石夸示余，余以必借水为润，何奇之有？丁巳春，为六合广文，闲居无事，稍稍易数枚。久之，千奇万态，不可名状。渐觉津津嗜之，形于梦寐。其最佳者，不必入水。由前思之，嗜者何心？不嗜者何心？毕竟以眼入，以心受，习也，非性也。然石无声味，与嗜欲不同。苏、米二公，亦以寄情，而名流后世，其实未尝见六合石也。佛家有多宝如来，宝从何得？意者偶坐宝山，遂以宝名。而宝实非佛有，佛亦不以为有。昔崇伯子为此石开山祖师，曾以作贡。元德先生为馆甥时，被衣鼓琴，尝置一二盘于座上，此赏鉴家也。石可谓富贵矣。予入宝山，恐空手而归。然余石只在北窗卧风、东篱见山时一玩之，亦是穷广文实实享受也。又恐石有贫贱烦恼，因题以清名而贵之。则此石与余周旋，无佛相，无帝王相，无宰官相，无措大相，无嗜好，无烦恼，无无嗜好，无无烦恼。如是如是，石将为点头矣。

## （四）雨花石　　节录《新都风物录》

### 莲生

雨花台石子冈之中腰，有筑草房居，门外设几列售石子者，虽有珍品，亦尚非其至者。最稀奇珍贵之石子，则在城内夫子庙一带，及各古玩肆中。第又索值过昂，一经入耳，令人咋舌，几至不敢问津。莲生一生好古，对于此种石子，尤珍爱之甚。曩年侨金陵，除暇时亲赴市上搜求外，每于雨后辄踏屐陟山，挥小花锄而掘觅之，费时二年之久，共获佳品五百有七块。并由无锡城内，遴购宜兴精烧之泥盆，长圆不一，贮以清水，浸石子其中。劳役之余，辄临案前，或踞藤椅，就几而观玩之，以为清贫中一乐事。不忆南口战时，被直鲁贼军将费时两年、跋涉百次、多数金钱所搜求珍爱之石子，尽行抛弃于厕圊猪栏内。乱后拾回者，仅剩七十八块，而稀奇珍贵者，率皆失踪，惜哉！惜哉！佛说："成住坏空。"予之恋恋于此，诚不足以云达。然石子一物，山中、河滩是处皆有，而惟雨花台之石子，一若独具天地灵秀之气，既得复失，能无慨然？至于此种石子，大块者少，皆系零小之块头，自具一种秀雅气色。则几同颜料店之颜料，并丹青家配合颜色之绚烂，五光十色，已足称奇，而每石又自具种种色相，而毕肖之。获之者，每随其形象而命以庄雅俏丽之名，用寄其欣赏爱好之意。兹将予曩所有者，略述数种，以饷阅者。

（一）西方美人。此石质极坚，长一寸五分有奇，宽八分许，草黄色，作椭圆形而扁。正面现一美人形，首届无阙，蜷蜷之领，稍有断欠，上戴一宽檐之西式毡帽，两肩如削成，胸腹毕全，而蜂腰微弯，作美人娇态。下束修裙，惟蛮靴一只露于左方，右足阙如。一经玩赏，俨然一西方美人也。最奇者，石为草黄色，而美女全身皆作墨黑色，神气娉婷，如现画壁上。莲生于雨后，亲手掘得者。试问他方石子，有如此之珍奇者否耶？

（二）山川出云。石系椭圆形，长约一寸四分，宽约八分，色浅黄，润胜鹅黄石，而光泽细腻过之。上半，崇峰蠢起，全山隐隐然，由石理中透出黝色。且峰右又由石理余脉中，滋出渺茫茫淡黑色，成三片，大小不一，如笔绘之远山影。然峰之上又由石理中发出隐隐团团之云形，因石中透明，则此云形益酷肖，仿佛沉阴之云，自岫中扑出。以上各形，已属难得。而最令人拍案惊奇，而爱难释手者，则在峰之下由石理中现出丝丝缕缕之水纹，轻重长促，上下交叉，式如细縠泛动。而奇之尤奇者，则在水纹现出浑灰之色。

（三）日月合璧。此石扁形，灰蓝色。下半颜色不甚纯净，而上半则转为青蓝色而浅。形与寒秘霜夜、凄凉月色中，所照之天色相仿佛。石面左角上偏下，现出一极圆之点，色晕黄而中稍乌。石之左角上，现出湾如金钩虾之痕迹。咏月之诗云"弓式月初三"，真酷肖之。更奇者，则此蛾眉形之新月，亦系一晕灰之色，且由石面上破裂一层薄皮，而现出此透明之一弯皓魄。虽欲令人不视为宝贵之品，亦不可得焉。莲生视为奇珍，特由彰德古董肆中，购一翠石根之小扁盆，下复配一雕工极精之紫檀座承之。盆中贮以清水，日必亲手一换。不幸于南口战时，舍下迭驻军队，石子与盆一并掠去。足徵尘世珍奇之品，总难久存人间。尤物天忌，理或然欤。及今思之，犹有余痛焉。

雨花台之石子，以一山冈中所出之微小物，而克驰名于大江南北，邀文士之赏爱弥藏，居商贩之货者，其究竟处，则贵在石子之质纯为玛瑙。因其具有此种殊特贵质，故石体轻而细，净而腻，透而明，秀而小。乍观之，则囫囵无甚奇特处。一经水浸，则由石理中立即显出透明之体。

而透明中，又复显出千形万态迥不相侔之异象，或吻合词典之雅名，或酷肖尘世事物之容态。且石子之色，纯则无纤尘之差，杂则如石印套色之版，绚彩鲜妍，毫不迷乱。且往往一石顽然，较为粗涩，乃一经水浸，则于不知不觉中，日易显其形色花纹，其变幻之奇巧神妙，令人无法测知，无术研求。甚至一石子已浸水中数月或数年，偶由外方归来，查数石子数，则依然如故，而石子之色相，竟讶为全非，而惊喜欲狂。大约石理中屡起变态者，系活石子尔。兹复不惮烦觑，将不佞所藏兵燹余烬中所爬出之抛弃石子，择其佳而堪一称述，并近世奸商藉天地、阴阳、雷电之气，而随意伪造之绘画石子，揭破其隐，以免初至金陵游客，费宝贵之金钱，受若辈之欺骗也。

莲生写字桌上，列一宜兴名产含有砂性之泥盆。盆系长方形，体成八角式，长约八寸，高可二寸，制工精致，古雅异常，系亲自无锡城内选购而得来者。盆中贮清水，每晨水夫至，即换新水。而盆中囫囵椭圆、三角、长方、八楞、扁圆，大大小小之种种形式，脉理奇绝，彩色错缛，如织如绘，如镌如雕，令人不可思议之零珠散玉，安浸于水中者，皆雨花台特产之珍贵石子也。

内中有最可爱而难凑合者，即如妇人乳头之两石子是已。此两石子皆等于小山药豆大，形椭圆，上稍浑锐，下则肥放，一系晕灰色之玛瑙质，而竟体明澈滑腻。浑锐之头上，于晕灰色中现一环圈，为玉白色，此圈之圆好，如用画图规特划之者。而圈之内，又印出一较晕灰色浑重之晕白色点，点与圈之距离，四围中不爽毫发。而最令人叫怪惊奇者，则此晕白色点之正中，又特现出一鲜红之小圆点，浸润水中，异彩焕发。戚友来视者，靡不惊爱而称奇。至此石子天生成之，圆紧润韧，与美女之乳头无异，故予命名为西施乳，志宝贵也。

其他一块，则大小、形状、石理、圈文皆相同，只色皆晕黄，而当头之小点，特作鲜重之黄色而已。夫一石子，生得如是之奇，已属难得。乃不意竟复有一同样之石子，特与俪耦，而使之成为双璧，令人至可喜爱也。

又一石，成方块形，大约四分，竟体鳝黄色。而于黄色中现出翠蓝色细纹，每一蓝色细纹，前后即夹石块之本黄色两道。此两黄一蓝之纹，皆纤如发毫，无粗细之差，且皆相夹为人字形，其纹画之齐密等于刀切。最爽人观视者，则彼翠蓝色之细纹，在石块本黄色中为透明线，阴阳明暗，相映成趣，虽欲不加奇爱，讵可得哉。此石予特命名曰绮纹锦，以彼人字纹而言之者也。

又一石，作薄片形，长及寸，宽八分余，地色鲜黄。而面上赤红与靛蓝之纹，曲折蜿蜒，互相套杂，但不漫乱。其纹如人绘之云头霞练，彩色烂缦，鲜润光泽，特命名曰云蒸霞蔚。

又一石，长圆形，与妇女梳妆用之鸭蛋圆镜形酷肖，长八分，宽七分稍弱，厚一分。面平如砥，其周边之整齐，虽使玉工琢磨，恐亦难得如此。石色纯为白冰糖，全体明透。数年前，石身内现出朵朵之白花，形肖柳絮。前年夏季，忽又变为深灰色斑点。现今乃更变作如芝麻之金星，灿然罗列而不乱。日后，再变出何种形色，则难能预测之也。

又一石，形之大小厚薄与上石如一刀切出者，惟色如羊脂，皎洁静润，不染纤尘。石内现出丝丝条条之透明线，命名曰软玉凝脂。

又一石，三角形，头浑圆而尖如桃，全体约八分。上半截为水红色，内杂极纤小之散碎金星。其水红色，自石之上端随八角形之边际如椅圈，作半圆形而曲下，宽占全石十分之三。红色中又现出浅玛瑙色。八角之人字纹，纤如白发，百十相叠，概作透明体。此犹不足为奇，最妙处则在于此人字纹之石理，分为两圈，每圈之外，则以浑灰色之宽线相隔之。而此宽线，又为较深之透明体。因命名曰翡镶宝琮，盖取八角形之意也。

又一石，小等镶耳之玉坠，乃竟为赤翡、羊脂两色而成之者。鲜红雪白，相映之下，有无限之雅丽。

又一石，体形及色与豇豆毫无差别，乃面上现出一如元宝形之曲线，其白与线法，如彩画匠以糯米粉浆，施画花纹于木壁上。然此犹不足称异者，其最后令人惊喜处，则在此元宝形曲线内之正中偏上，又现出极圆极白平列之小圈一对，圈中仍为石之本红色，与舞台上演"西游记"戏，孙猴子所涂之脸谱，形色无二，因命名曰悟空庞。

又一石，扁形如桃，宽、长均不及五分，于白如羊脂中，现出一片活泼纤小花朵，深碧丛丛，命名曰题诗扫苔。

又一石，形扁圆而有棱，高约五分，长约六分，面顶臀下概生三角之线，面上之色与形，如蟹之盖，下则三角之线作棕黄色，内围一透明之色灰圆点。环石之腰，则又有纹七道，系以二透明晕灰色而夹以青白色之纹于其中，阴阳明暗，又有若螺旋，亦足奇者。

又一石，长约八分许，质地系茶黑色，形如大羊枣，而面现朱红之流水纹。曩侨析津，与北京永顺砂石公司为邻。公司内诸执事均连生里人，且概为砂石经验大家，曾鉴定此石为紫英石，可作化学原料。又将各石子依次鉴定，谓有水晶、玛瑙、云英、紫英、硫磺、翡翠等等之质均备，但以玛瑙质者居多数云。

又一石，小如指腹，全体龙井茶色，碧绿而鲜润，其上现出硫磺色之环围纹。此种颜色之雨花石子，在五百余块中，仅有此一块。

又一石，长而圆，通体赤紫，形似猪肝，即命名曰猪肝。

又一石，大如枣而稍扁，偏右凹心，竟体碧色，由石理中发出火赤色，如晚霞烘天，间以灰白色，浓蠤暧硋，状类欲雨阴云，命名曰碧云霞。

又一石，体约八分，修而扁。数年前竟体纯白，不意近来忽由石之上下两方，现出鱼脑色。而此两色中间偏左，忽石皮开裂，中现一口字形而下开纵，内透朗澈宝光，色同黄蜡，四围又套一大口字形，系玛瑙色，黄灰相映。石之背后现出螺旋纹，层层环绕，将来发生何种变象，尚不可知。

以上所述，概系择尤而特为表出之者。其他形形色色，实有难以罄说之者。

此外，尚有一极稀奇神怪之石子，超逾百千块，而为绝无仅有之超品，至足令人叫怪者。当逊清光绪末叶，江宁织造衙门茶役李升藏一石，轻易不示人。一日，为债追逼，出于万不获已，乃含泪割爱而求售焉。石系长方式，体达寸，宽约八分，面平如砥，四角若切，竟体蜡黄色，而光润如镜。石面下方偏左，石理中现出异兽一只。再经水浸，则此兽头生一角，弯如月牙，方额修嘴，一目眇然（系小白圈中现一墨点）。昂头仰视，张吻嘘出一线白气，直连而上，成为云色，白如柳絮，乌似泼墨，旋回虚卷，厥状酷肖。兽之项与腰完全接连，惟四眼〔腿〕中有稍短者。臀上一尾如帚，腹下有极纤细之纹，如小虫折腰，尽皆上仰，其形绝似片片之鳞。李升自称为喷云虎，向人索银三十两为代价。时莲生表叔张子龢公，以知县听鼓宁垣，乃出银四两购之，外又予银二两，以示周济。子龢公购此石后，如获珍宝，特制玻璃锦匣，如〔加〕以暗锁，防人觊觎。子龢公西归后，嗣续不肖，闻此石以两元番饼售打鼓者，充作吸长寿膏之代价矣。惜哉！惜哉！

雨花台石子经天地、山川灵秀之气，孕毓而成。故其质地状态，亦皆具一种珍贵奇特之概，决非普通山溪涧壑中，一般冥顽蠢蠢之砾块所可相提并论者也。惟其取贵于人如是，遂有一般黠侩，因投雅士淑媛之爱好，凭空出于人工上之奇技淫巧，造作赝物，令人触目，骇为绝世希珍，而出重价购藏，以填其牟利骗人之欲壑者。至其作伪之法，局外人虽难悉底蕴，而纸里包火，终须燃透。闻作伪者先遴质地极佳之石，大都为方块平面者，即以特制之药水，和濡颜色，任意绘画山水、人物、翎毛、花卉之事物，或图故实名典于其上。然后用重量之透骨块，将石透煮。所有绘画之形态，即藉药水之力，深入石理。再预备吸引电力之化学物，将绘好之石，携至高处，一俟降雨，长空中雷訇金鼓、电爟银蛇之际，即将吸引电力之化学药品涂抹石面，平置地面上，一经天上电光闪烁，则与人工电力互相吸引吻合，而印影于石理之中矣。以上所述，不过据诸道听。然伪造之品，令人疑点丛生，所闻或为不虚。缘石上现出之形态，以指扪之则平滑如缎，无丝发碍手之处，决不令人生有镌刻之猜。以水浸之，则状态青显。以灯照之，则影在石之中间。再环视石之面底中腰，则又毫无破裂粘合之痕迹。除用电力摄影术外，似决无他项手术，可以奏其巧妙不测之功用。民国十一年，鄙人因契友恽公以重要私务相托，往常州一行。归途宿于金陵中正街之交通旅馆。因每次至宁垣，必投宿其处。馆主为镇江名族茅君冰尘，毕业东瀛，长风破浪，久蓄雄心，而浊世不合。乃竟以明达之姿，而隐身遁迹于市廛中，殊令人扼腕。当下榻该馆之际，与茅君旧雨忻逢，剪烛罄话，曾潭〔谈〕及雨花石子种种故事，津津有味，足破旅况中岑寂。以上所述，茅君亦尝稍为涉及。时有逊清某省中丞旗员某公，以遗老韬光，漫游江南，聆雨花石子之珍奇，乃益发其酷嗜古玩之逸兴，爰对于雨花石子，广肆搜罗而收买之。一时古玩商店暨小贩馨其所有，优劣并进，妍媸互呈，户限几为之穿。结果购石代价达四百块番饼之多。而其中绝懿者固不乏，至用电光摄影之伪造者，则上当输眼不少。兹举数石以例其余。

一方石，草黄色，上现出一活春宫图，命名曰幽春秘戏。男性者则赤裸雄壮，女性者则如玉树临风，其姿式则为怀中抱月，两性之发、首、眉、目、肢体各处，皆隐隐可辨。闻此一石，竟以四十元之代价而购得之。

又一块石，曰欧西雪獒，系石面上现出一犬形，身首肢爪，无一不备，而双耳直翘，修喙怒张，挺腿竖尾，作猖猖遥瞩待斗状。

又一石，色同鹅黄贵品，名曰南极庆寿，系一颅广额修髯飘胸之老翁模样，手拄鸠杖，俨然一长寿星图像也。

又一小石，为蜡黄色，上现葫芦形，大小倾斜，梗叶缠蔓，名曰子孙万代。

以上数石，概赝造物也。恐购主徒出昂贵之代价，而自诩为尘世上难遘之奇珍异品，什袭秘藏，用供玩赏者，殊不自知其上当也。语云："事若可传皆具癖。"而凡人之爱好，一事一物，因嗜成癖者，皆由宝贵之时光与金钱之耗费而得来者。藏穀所好虽异，而亡羊则一，则又有不能论其贤否者矣。

箸者莲生，先生不知何许人也，亦不详其姓氏。斯记系于二十载前，在故都某日报抄来，报名今亦不复记忆矣。莲生石癖甚深，费数年之力，在宁垣雨花台躬亲搜采，存石曾至数万枚之多，亦可谓今之同志也。惟佳石并不出于雨花台，且观其所记诸石，纹色简单，尚未臻上乘，命名亦欠典雅，或因缺乏研究故耳。至记中所载江宁县长张子和，有喷云虎一石，殊奇异，嗣由其子孙售于人。得之者，傥能赐我一观，则三生有幸矣。丁亥秋，轮远书于沽上万石斋。

## （五）六合石 <small>杜绾《云林石谱》</small>

真州六合县水中或沙土中，出玛瑙石，颇细碎，有绝大而纯白者，五色纹如刷丝，甚温润莹澈。土人择纹采斑斓点处，就巧碾成佛像。

## （六）绮石 <small>林有麟《素园石谱》</small>

绮石，诸溪涧中皆有之，出六合水最佳，文理可玩，多奇形怪状。自苏端明作颂，以遗佛印参寥，后之好事者，转相博采，以资耳目，奇状愈多，不可胜纪。余有米生之癖，何士仰先生贻余若干枚，各有品骘，并识佳名。时携青莲舫中，把玩竟日，欣然会心。有客谓余，不以供僧，如端明何？余谓石趣颇淡，不足嗜好，若以供僧，臭味远矣。客笑而退，遂绘而图之，其名如下：

| | | | |
|---|---|---|---|
| 远浦归帆 | 云峰古刹 | 峨眉积雪 | 莲花法相 |
| 凤鸣高岗 | 螳螂捕蝉 | 教子升天 | 山水出云 |
| 目送归鸿 | 面壁初祖 | 秋水回波 | 海天月上 |
| 东山旭日 | 绿野云屯 | 冰池玉藻 | 女娲补石 |
| 五色卿云 | 赤云驾龙 | 文鱼武藻 | 海榴舒子 |
| 丹霄日月 | 金叶冰桃 | 黄河天晓 | 沧海秋霞 |
| 玉鼎丹砂 | 红霞映雪 | 层霞叠雪 | |

赤松脂　桃花水　瑞芝　星采

文蝉　文啮　春蛙　玄龟

## （七）五色石　陈贞慧《秋园杂佩》

五色石子出六合山玛瑙涧，雨后胭痕螺髻，累累濯出。然山深地僻，往返六十里，非好事者不到。自万历甲午，饼师估儿从旁结草棚以市酒食，于是负石者始众，蜂涌蚁聚，日不下数百。以白磁盘新水盛之，好甚者十不得一二。其佳者，猩红黛绿，云桄不一，或为羊脂玉，或为蜀川锦，或为鹦鹉紫，或为僧眼碧，或为嫩鹅黄，朱者如美人睡痕，黑者如山猿怪瘿，文采陆离，虽璃玳〔琭〕堆盘，琥珀映觞，无以加是。纵不敢望米襄阳研山，然亦石骨中小有奇趣者，独恨阛阓市儿，寸许石子，索价每以两许。昔坡公饼饵易得，以二百五十枚供佛印，令生今日，当有同叹。

## （八）《灵岩子石记》　姜绍书《韵石斋笔谈》

余性好石，尤好灵岩子石。此种出灵岩山之涧中，山在六合，而聚于金陵。余屡齿每及雨花、桃叶间，必博访其上乘者，贮之奚囊，携归以古铜盘挹水注之，日夕耽玩，心怡神赏。如坐蓬瀛，见蛟螭吐气，结成五色，珠玑绚烂，莫可名状。此石初为山灵所秘，人未之知，或樵夫牧竖，过而拾之，玩弄俄顷，旋复弃掷，惟与晓烟暮霭，出没于潺湲中而已。万历丙申岁，米友石尹于兹邑，簿书之暇，觞咏于灵岩山，见溪流中文石累累，遗〔遣〕舆台寨掇之，则缤纷璀璨，发缕丝莹。其色如霏雪，紫若蒸霞，绿映远山之黛，黑洞瀚海之波，黄琮可荐于虞烟，赤文曾藏于禹穴。更有天成鱼鸟竹石，暨大士高真〔僧〕，如镜涵影，自然成文。友石得未曾有，诧为奇观，更具畚锸，采之重渊。邑令所好，风行景从，源源而来，多多益善。自兹以往，知音竞赏，珍奇琳琅。想米颠袖中，无此一种。坡老《怪石供》，不必取之齐安江上矣。

### （九）五色石　邓之诚《骨董续记》

陈眉公《太平清话》云："甲午八月游秣陵，贾客以白瓷盎，贮五色石子售之，索价甚高。其石出六合山玛瑙涧中，裹粮负锸，从雨后觅之。山深无人烟，往返六十里，甚则几至冻饿得病死者。于是，吴人从涧旁结草棚以市酒食，而负石者始众。此风唯万历甲午始见之。"

### （十）螺子石　陈彬龢译大村西崖著《中国美术史》

螺子石，又简称子石，出自江宁六合县灵岩山，雨花台附近之涧水中，系形如玛瑙之五色石。取之养于书窗之水盘，在宋代已有。但万历二十四年，米万钟为该地令尹，特雅爱之，乃广行于世。至今犹流行焉。

猩囚病愈，仍将原赠灵岩石一枚送还。力却不得，赋此致谢。轮远

锦石搜奇共苦辛，一拳割爱记庚申。谁知二十余年后，赵璧仍归慰故人。其一

石兄重见座生春，往事迷离付劫尘。我未成名君已老，可堪癖石爱清贫。其二

# 二十五、《万石斋石谱》附抄关于灵岩石之诗词

## （一）上巳修禊空明馆看灵岩文石

### 明　汪元范

深沉阁署中，有馆名丹膜。四隅环青瑶，竹色侵帷幕。良辰惟暮春，流云净寥廓。佳宾向斯集，禊事于焉作。摄齐方就列，抵掌恣谈噱。虽云酒无量，未敢辞杯杓。奇石产灵岩，文理相错落。传玩既生爱，对之安可攫。园野辟燕郊，嘉名锡以勺。谁谓悬磴间，妙手移林壑。如此化人游，胜地聊淹薄。孰是后来侪，此心期湛乐。

## （二）夏日朱宪昌山人以锦石见贻

### 明　陆君弼

江城初伏热如煮，兀坐空庭日当午。开门忽枉故人书，贻我锦石五色舒。贮之磁盘白盈尺，旋汲清泉助生魄。翠比结绿红鞣鞨，纹如指螺莹无迹。袅袅含恣斗水晶，粼粼照案吹寒碧。兴来捧玩引清瞩，缛彩繁文烂相射。昔人嗜者苏黄州，往往齐安江上得。宝之良与铅鈇同，远供参寥称怪石。真州灵岩亦产此，小者弹丸大凫子。雨花虽擅玛瑙名，其质粗顽仅充砥。君言采自灵岩山，精者齐安不足比。礼足长供绣佛龛，灌心应借墨池水。有时彩焰逗风长，白昼同飞舍利光。焉用元珠来象罔，顿教火宅生清凉。

## （三）咏灵岩石子

### 明　释洪恩

嵒𡵺𡵺𨂻𥐨灵，毒雾怒相逐。灵液测圆珠，雪乳凝细

簇。大禹餐有余，仙人煮未熟。石家珊瑚碎，松根琥珀伏。涧琢几千秋，云磨十万斛。细细侵花片，蒙蒙累霞縠。米颠袍笏拜，楚士蹒跚哭。亦云非蓝田，岂曰混鱼目。谁知席上珍，元自出幽谷。

### （四）贻何使君灵岩石并系以诗

明　朱铉

灵岩山气时作雨，唐突山灵掘山土。苦心觅得换黄金，奇石精英夜华吐。我昔购之不论钱，客中枕藉如云烟。为君清赏破吾癖，殷勤贻赠烦瑶笺。高斋把玩惬幽素，山中灵气谁呵护。夜夜仙岩云不归，月色江声乱秋树。

### （五）雨花石

清　徐荣

天雨诸香下帝台，大同天子讲经来。尚留子石临江活，恰似房花向日开。妙道无心存瓦砾，遗民有泪艳琼瑰。拳峰乳钵菖蒲供，伴我禅扉不用猜。

### （六）五色石歌　即雨花台畔之玛瑙石也，因购斯石感赋

步其诰

娲皇炼石勤补天，石以五色神其传。今胡见者犹是物，百枚论价不百钱。投好偶依人为重，非时孰信生之难。质有其文中通理，章而非的色相宜。偶与提挈二三子，是谁钟毓五百年。块也砾也见所见，盆之池之仙乎仙。石在手，了无异观。贮盆池中，则水云缥缈，悠然意远。自夸人好多赝鼎，珍奇乃逾埋苍烟。雨花台石贮水不臭，惟色纹稍淡。色艳者来自江北，售者多伪称雨花台石。风尘而外偶真赏，得之亦足多一拳。我抚此

石重叹息，良材大用今古悬。天开于子地辟丑，东南西北缺不全。地有其宝出不爱，天乃借才得斡旋。当年使竟无此石，风云叱咤嗟徒然。璀璨晶莹未改旧，几时零落归人间。苍苍者色闉其体，近来天已无缺残。石兮石兮安所用，抑胡不秘穷山巅。楧可韫，璞犹完，填海冤衔精卫鸟，成桥辱著始皇鞭。皦皦者污峣峣缺，今世已非盘古前。圯桥长跽吁可怪，襄阳下拜狂非颠。石兮石兮无自弃，壶中九华水清涟。

## （七）雨花石铭

明　张岱

大父收藏雨花石，自余祖、余叔及余积三世，而得十三枚，奇形怪状，不可思议。怪石供，将毋同。


《万石斋灵岩石谱》终。

南京稀见文献丛刊

# 万石斋大理石谱

（民国）张轮远 著

点校 卢开刚

南京出版传媒集团
南京出版社

# 《万石斋大理石谱》自序

　　石之为物，饥不可食，寒不可衣，乃一极无用之物也。然历代癖之者，颇不乏人，虽饥寒弗顾。岂尤物之移人欤，抑其宿根使之然欤，不然则其胸中磊块，无所奋发，而托于石以自见欤，何其癖之深耶？

　　秦火以前，书籍散逸，吾不得而考矣。其后癖石之士，散见于载籍者，正复不鲜。至于宋杜绾始辑为专书，曰《云林石谱》，继起者为明林有麟《素园石谱》，有清一代，仅诸九鼎有《石谱》一卷，蒐奇罗异，蔚然大观，诚我癖石者之先河，好石者之圭臬。惟皆泛论大旨，未能分门细述，似有赖于后人为之发挥也。余驽钝无似，惟癖石成性，所最嗜者，乃灵岩及大理二种。慨夫前代谱录之未详，后人复少著述，不揣固陋，久思为续貂之作。

　　甲子岁曾有《灵岩石谱》之辑，草草成编，语多未尽。既而作吏，案牍劳形，中经事变，此事遂废。乙酉初秋，河山幸复，重理旧业，又撰《大理石谱》一卷。此石色备五采，气如云水，阮云台赞为较吴装画法，更浑脱天成，非笔墨所能，乃造物所成者也。潜光隐耀，

117

至明季方流入中土，为昔人石谱所未及，尤应详加论列，阐幽发微，使此湮没天壤间之奇物，显著于世，以供海内同好。惟迭遭离乱，家渐式微，未能宏蒐博采，备著于编，良堪悒恨耳。

嗟夫！以我无用之人，而耽此无用之物，更著此无用之书，寄托如此，亦足悲矣。知我者其为石兄乎！

丁亥三月十四日，轮远序于析津寄庐。

# 《万石斋大理石谱》目录

# 万石斋大理石谱

雍阳张曰辂轮远撰

## 一、大理石出产地

我国山脉大致皆自西而东，惟西康及滇南，其山脉则南北纵列，此舆地学家称为横断山脉是也。尝考滇南山脉，自西康南下者，约分三大支：曰高丽贡山脉，属喜马拉雅山系，曰怒山脉，曰云岭山脉，均属南岭系。云岭山脉上承宁静山脉，斜亘于澜沧、金沙两江之间，岗峦起伏，至大理县则为点苍山，亦名大理山，又称灵鹫山。东临洱海，西濒漾濞，形势雄胜，为滇中镇山。南诏蒙氏时，曾封为中岳。林立之峰十有九，峰之中特尊者曰中和峰。其北为观音、应乐、雪人、兰峰、三阳、鹤云、白云、莲花、五台、沧浪、云弄诸峰，峰之南为龙泉、玉局、马龙、圣应、佛头、马耳、斜阳诸峰，剑簇有似岱宗，人鲜有能蹑其巅者。峰各一溪，蜿蜒东注，为十八溪。奇花异卉，偏于岩谷，经冬不凋，侵晓之时，全山开爽，苍翠欲滴。日出则云雾遍覆，惟秋际始豁然清朗，仅余白气一缕，横绝山腰，俗称为玉带锁苍山。而此名贵之大理石，即蕴藏于此。昔惟中和峰产量最富，近则南、北诸峰，及后山均渐次发见，横互〔亘〕山麓，若出自水平。石工结屋山中，随时开采，视其形象所宜，加以琢磨，然后沽之市上。至其肇始于何时，已因年代久远，记载缺乏，无可考矣。兹山匪〔非〕特产石，而风景之佳，尤为西南冠，附录明李元阳《点苍山志》于后，以见一斑。可觇大理石乃天地灵秀之气所独钟，而非他山所产者可能及也。

## 点苍山志

### 明　李元阳

〔太和〕点苍山，在县□〔治〕西五里。凡十九峰，连脊屏列，内抱如弛弓□〔然〕。各〔峰〕峰〔各〕夹涧，自山椒悬瀑，注为十八溪，翠峦条分，青嶂并峙，如大鸟之连翼将翔也。山色翠黛殷润，历秋冬不枯，高六十里，接连云气。滇西山川，联络拱揖，若将翼之。蒙氏窃据，封为中岳。《汉书》曰："邪龙云南。注：山似扶风太乙之状，上有冯河，周回万步，五月积雪皓然，即此山也。"《唐书》："贞元间，使崔〔崔〕佐时入南诏，盟于点苍山。"即此。山本青石，山腰多白石，穴之，腻如切脂，白质黑〔墨〕章，片琢为屏，有山川云物之状。世传点苍山石，好事者并争致之。唐李德裕平泉庄醒酒石，即此产也。夏秋之交，山腰横云，截如玉带，颇号奇观。昔人诗有云"天将玉带封山公"，言天设也。叠崿承流，崇冈戴雪，四时皆吐鹤〔云〕，松桧椅楸生之。其阳多山茶，其阴多丹桂，又有木莲、踯躅，花树并高数丈，春日红白错杂，被于溪谷。中岩号雪山，世传为佛苦行之地，草石皆作旃檀香气。丛林列刹，诸峰相望，盖旧在天竺幅员之内，为阿育王封故国，有三千兰若，兹土得其半焉，今存者什一耳。前襟榆水，碧澜〔浪〕万顷，皆〔背有〕漾水，连络为带。榆水东百里，则有鸡足山。南百里有毕钵罗窟，遗灵胜迹，偏在兹区，即林阻谷奥，而无猛虎毒蛇。冬夏气候调适，暑至于温、寒至于凉而止，故四时无日无花，信福地也。宋太祖按地图，以玉斧画大渡以西弃而不有，故宋臣作《洞天福地记》，南中见遗，〔未得为通方之论矣。〕按：《一统志》记其略，□〔峰〕、溪自南而北，一曰斜阳峰，阳南溪。二曰马耳峰，葶溟溪。三曰佛顶峰，莫残溪。四曰圣应峰，青碧溪。五曰马龙溪〔峰〕，龙溪。六曰玉局峰，绿玉溪。七曰龙泉峰，中溪。八曰中峰，桃溪。九曰观音峰，梅溪。十曰应乐峰，隐仙溪。十一曰雪人峰，双鸳溪。十二曰兰峰，白石溪。十三曰三阳峰，灵泉溪。十四曰鹤云峰，锦溪。十五曰白云峰，芒湧溪。十六曰莲花峰，阳溪。十七曰五台峰，万花溪。十八曰苍浪峰，霞移溪。十九曰云弄溪〔峰〕。至此，则山海相接。环海之外，后有诸山，曰青巅、曰难〔鸡〕岩、曰玉几〔儿〕、曰罗筌、曰曩〔葱〕〔葱〕、曰龟、曰蛇，若拱若揖，西向点苍山，其间石窟胜景，不可殚数，要之不若镇山之奇丽云。

## 二、大理石之成因

按岩石分水成、火成两种。火成者为块状，悉为结晶，体质多坚；水成者为层状，容易剥离。点苍山之岩石，其层次井然。石工取石，先凿引数孔，石即迎刃片解，其质状颇类水成岩，但结合之质均为晶柱，不含有化石质，成分又似火成岩，实乃介于水成、火成之间。是以，地质学家因名之曰变质岩。此种岩石之成因，乃由于泥滓停积后，经热力及他种动力所感而成，或水成岩旁，接近火成岩时，触其热而变其质。凡所蕴藏之化石，则被其热而毁灭，故石变而质亦变也。大理石之成因，即由于此。至此石之成分，乃为炭酸灰质。盖当时水中含有溶解之多量炭酸石灰，栖息于此水中之贝类，摄而取之，以构成其骨骸。此等动物死后，遗骸沉积于水底，经过若干万年后，遂成炭酸石灰之厚层。今尚有自山巅寻获介壳者。可见此石初时为石灰石，嗣经地中热力，悉数变为结晶，然后方构成今日之大理石。其组成时，当然为古生时代，彼时之洪涛巨浸，厥后一变而为崇山峻岭，沧海桑田，信不诬矣。石之色可分为白色、杂色两种。白色者质纯，又名寒水石。杂色者含铁及粘土等不纯之物，有黑、黄、青、褐、红、绿等色，就其色态乃幻出山川云物等状，所感受不同，遂致千变万化，无一雷同。其为世所宝，绝非幸致也。

## 三、大理石史略

大理石产于云南大理县点苍山。其何时始见重于世，自为爱石者所应知。惟欲考其来源，必先研究产石之大理县历史，及其归属中国之时代。按：大理为《禹贡》梁州之南境，春秋之百濮地，位云南省西南隅。秦汉时为西南夷之滇国，西汉曾置叶榆县，东汉曰楪榆，晋及五代仍之。唐天宝后，南诏蒙氏据之，国号大蒙，后改为大礼。郑氏灭之，改国号大长和。五代后唐时赵氏代之，改国号曰大天兴。杨干真〔贞〕又夺之，号大义宁。后晋时段思平逐干真〔贞〕自立，国号始称大理。宋初仍为大理国，寻高氏立，又号曰大中国，既而复立蒙〔段〕氏，乃称复理国。元宪宗时忽必烈灭之，立云南行中书省，后改置大理路。明改路为府，清仍之，属云南省。辖太和、浪穹、云南三县，及邓川、宾川、云龙、赵四州。民国废府改县，太和遂为今大理县。其地去中州既远，山川险阻，自唐迄元，且偏据一方，与中国隔绝，其所产之大理石，又非重要必需之品，自不易输入内地。是以唐宋以前，大理石之记载殊鲜。虽元微之《石砚屏诗》有"磷磷石屏上，浓淡树林分"之句，宋之欧阳永叔有山松石屏，苏子瞻有月石风林砚屏，陶毂所称之玉罗汉石屏，但皆系河南虢山所产，并非滇石。宋杜绾所著之《云林石谱》，记载详博，而对大理石亦未道及。仅《唐余录》及《滇南杂志》载："唐李德裕平泉庄有醒酒石，酒醉一踞即醒。"前清《一统志》云："默〔点〕苍石出点苍山，唐李德裕平泉庄醒酒石即为此产。"《梅谷偶笔》云："常〔尝〕见一大理石屏，下作短树平林，上作微云远霭，最奇者，云外数点如飞鸿遥挂，一人立而仰视，神态如生，笔墨不能到。左角有宣和御题诗云：'山与微云两不分，那知山更淡于云。江南秋尽霜初降，独倚寒林数雁群。'"此或为大理石之滥觞，惟皆系后人记述，并非当时信史耳。迨至明际，陈眉公所著之《妮古录》始载有石屏如董、巨之画，名曰江山晚思。李日华《六砚斋二笔》又云："环列大理石屏，有荆、关、董、巨之想。"而徐霞客更亲至大理，著为游记，盛称大理石之奇异，是大理石之名，至明代方见诸载记，为世所称，似可无疑。而当时所贵者，以大屏、大案、白质、黑章者为上，或大理石初开采时，即此类乎。清阮文达公总制滇黔，曾至点苍，认大理石为天然石画，非笔墨所能造成，乃极力揄扬，各加品题，著为《石画记》，于是大理石之名始大著。其后输入内地渐多，而记载亦夥，并浸淫海外矣。大理石历史之涯略，如此而已。物之显晦有时，此石之良材美德，终不能长久埋没无闻于世也。

# 四、大理石之采取

大理石之采取，并非在点苍山俯拾即是，乃蕴藏于山内，须经工人开凿，方可取得。据刘昆《南中杂说》云："榆石，点苍山所出也，凿顽石深入里余，竭民力而取之。"近人帅雨苍《大理风光记·大理石略》云："开凿点苍山，据经营者云，困难非常，因为要到二三十丈深，方有此石。他们称为老鸦层，或牛角层，坚固异常，必要费尽九牛二虎之力，方得凿开。开山的石工，他们都是居处山洞，有的以老鸦层、牛角层凿下来的废石堆砌成穴，这是他们的华屋了。同时，开山要到点苍山的最高处，在那里寒冷异常，积雪要到暑期才融，这雪花化成的液体，便是他们的惟一饮料了。大理现在采取苍石的工厂，有二百余家，资金最多千元左右，少者仅二三百元，工人的工资微薄万分等语。"吾国工业不振，采石专凭人力，观以上之记载，即可窥见其困难情形之一斑。将来工业发达，若成立此项采石公司，用机械化学为开采工具，定可收事半功倍之效，而佳石亦可大量产出矣。

## 五、大理石之作成

大理石采出后，均系巨大之石块。石工相材择尤取用，或雕成花盆、花瓶、果盘、笔筒各种器物，或切成石片，作为插屏、挂屏、桌面、椅背等，其劣者，即归为建筑材料之用。此石之作成，专赖石工鉴别之智能技术。其首要者，即为分出天地之质，使花纹配合得宜，然后方成妙品。否则，纹质不分，天地易位，纵有美质，亦成废材。其次，则为磨工。因大理石所含之花纹，层层不同，磨之始可显出精美之画面，并非局外人任意磨砺所可为。而磨石尤应以平整为上，近代石工往往就全花纹，故意使其显露，不将石面磨平，致石面多凹凸之处，殊属憾事。再其次，即为涂蜡，使石面增加光泽，且可保护石质。或以为非保存大理石天然之美者，别有所见，亦未可厚非，但一般仍以涂蜡者为多耳。现在大理之新产品，凡插屏、挂屏之类，常常题以诗句，以为衬托，但佳者甚少，不如令好此者自题之为愈也。

## 六、大理石形论

大理石之外形，最普通者为平面石片，有圆者、方者以及八角者、扇面者等等，率皆由人工所琢成。故无论大小，均以前后两面平正为上。常见普通之石，或仅磨平一面，而另一面则粗糙嶒峻，俗而伤雅。又有工石〔石工〕，就全花纹，故意使石面凹凸不平，尤失其天然生趣，皆劣材也。其次，则为就石体之大小，使其厚薄相称，以轻巧而薄为宜，若过厚则失之矣。故周正、平薄为研究大理石外形之第一要义。至于形式之状态，面积之大小，各有佳品，尚不关重要。不过，因采取及搬运烦难，尺寸稍大者，取值较昂耳。

## 七、大理石质论

大理石质，因其组织成分不同，遂有粗细之别。细者如玉，具备天然光泽，此乃石之上品。次者，即普通之石质。最劣者，石质过粗，殊无足道。又有一异种，所谓白石黑章者，虽无光泽，但较普通之石质为松软，以之作制水墨山水，最为相宜。余曩曾见此种屏条四幅，无异米家父子云山，其萧疏林峦，尤似倪迂荒率之画笔，而其价值亦不亚于苍绿者。癖石之士，不可不注意也。

## 八、大理石色论

大理石之颜色，可分为石质色、花纹色两类。所谓石质色，大别之有白色、灰色、杂色三种。白色，以其色之洁白如雪者为上，间有于白色中杂以黄色者次之，石质之色当以此为正宗。此亦如收藏古画，虽千百年物，而以纸绢如新者，方足为贵。且质洁色白，尤可衬托花纹，使其特别生色也。次为灰色，则大逊于白色矣，然其灰之成分有深浅之分，浅较佳，深则劣。普通之石，多属于此种。惟风云雨雪之景，须赖此烘托者，则灰适为助色，是又当别论耳。再次，则为杂色，即灰白或深灰、浅灰等色相揉杂而成。倘所揉杂之色形纷乱，不能借色以为景物之状态，则应列为下乘，不足置论。

至于石纹之色，古代仅以黑色显，今则愈出愈奇，更产生多种奇异之色，析述之，约为六种：（甲）绿色；（乙）褐色；（丙）黑色；（丁）灰色；（戊）黄色；（己）红色。以绿者为上品，其余次之。而绿色之中，又有苍绿、浅绿之分，尤以苍绿为最优。至于褐、黑、灰三色，虽亦均深浅不一，但其间并无轩轾。若黄、红两色，则多杂于其他颜色之间，独自成纹者甚鲜。世之论大理石者，以色备五彩者为尚。依愚见，大理石之景物，种类不同，浓淡异趣，各臻其妙，不能以颜色复杂为衡，其色以鲜润生动为上。倘枯燥板滞，则不堪入选矣。

## 九、大理石纹论

大理石所以为世所宝者，因其石上表现之纹也，他山之石鲜有能及者。此石之纹，色备五彩，已于前章述之。尤奇者，更能幻出世间上无穷景物，令人不可思议，略别之可得六种：（一）山水；（二）仙佛；（三）人物；（四）花卉；（五）鸟兽；（六）鳞介。而其中，因其性质以象形山水者为最多，峰峦岩壑，瀑布溪涧，峻坂峭壁，长江大河等，千变万化，一石一形，无一重复。更有时衬以风云雪月、朝霞暮霭，凡宇宙所最难描写之奇观，罔不兼备。阮云台赞为"脱化有真神，画工不得比"。徐霞客亦谓："造物愈出愈奇。从此丹青家皆为俗笔，而画苑可废者。"洵非虚语。至各种象形，尤属维妙维肖，神奇难测，惟不加以人工而天然者，殊不易得耳。

## 十、大理石优劣之鉴别

大理石之质、形、纹、色已略具于前四章。鉴别大理石时，当以为衡。凡遇一石，审其质，辨其形，察其色，观其文。如其质细腻，形平整，色鲜明，纹成景物者，皆可取之材也。若两面皆有纹尤佳，而景物乃石之精英所萃，三乘之分，半在于此。精品之石，天然逸趣，驾乎画工之上，令人有不可思议之妙境。阮云台所谓"乃造化所成，非笔墨所能者也"。此项全材之石，殊不易得，癖石者诚心求之，或可得耳。

## 十一、大理石真伪之鉴别

世风不古，诡诈百出。大理石既见重于当世，自亦难免鱼目混珠，碔砆充玉。于是，狡黠之徒，乃伪造纹色，渲染景物，以图朦混，而得重值。闻其法，以生漆和铜绿为之，有时或可乱真。好石之士，鉴别大理石时，不可不深加注意，详为审究。凡石上天然之纹色，无不深浸石之腠内，并浑脱自然，无雕琢气。若其浮浅、呆滞者，伪也。惟作伪者，无论其如何巧为掩饰，而其心劳日拙，一经细心考核，即可识破。盖大理石之纹色，均系天成，其前后常相联贯。如反复观之，其前后及四周之纹色不相连属，则为伪造无疑。且四周之纹色，在作伪者往往忽略，颇可为燃犀之一助。近世大理石因开凿关系，其花纹多不完整，或颜色暗淡，不如匠人之意，则每以绿色填补之，以增其价，尤应加以顾虑，勿为所欺。至粤东所产白质黑章之石，俗名广片，虽似次等大理石，惟其质稍粗，癖石者入目即知之矣。

## 十二、大理石之用途

凡天地产物，必各有所利用。大理石亦非废材，考大理石之用途，可分两部分说明之。

一、关于有形者。大理石系天生尤物，质精纹雅，为他石所不及，乐用之者多。约略言之，可分下列三种用途。（甲）建筑材料。亭台、楼阁、栏杆、明柱、影壁、铺地等，均可用大理石为之。如云南大理圣麓公园之亭，纯为大理石所建。点苍山之净土庵佛座后，有二方巨石，嵌中楹间，各方七尺，厚寸许。其他以大理石供建筑者，大理地方不胜枚举。然此乃近水楼台，宜有斯福。若他处得一片石，巳〔已〕觉珍贵，以之为建筑材料，谈何容易。将来产石较多，交通便利，或有可能耳。（乙）器具文玩。可以之镶屏风、木床、桌面、椅背等，作为高贵之家具。或雕凿为花盆、花瓶各种文具，无不淡雅宜人，望之生爱。惟器物以一石雕成者为上，用石片合成者次之。（丙）陈设品。可作插屏、挂屏诸陈设品。因其专供陈列，宜选择较优而富有景物者为之。

二、关于无形者。大理石画系天然艺术之一，胜景名山，风云变幻，非亲历其境者不能领略。乃石画之精者，竟能缩之于方寸尺幅之内，有时为画师与摄影所不能及。天地造化之奇，至此极矣。其影响所及，癖石之士固无论矣，即无石癖者，偶一观之，亦令人生无限美感，无穷雅趣，不特可供卧游，且可作美术展览。愚以为诗画家当以之为师，艺术家应以之为范，其他学术家，亦可藉之以焕发精神，开拓心胸，增加智力，辅助发明，幸勿等闲视之也。

# 十三、大理石前途之展望

大理石及其他文石，不仅大理产之，其他各国亦多有类似者，亦称之曰大理石。意大利所产颇为著名，谈建筑及雕刻者，莫不以意大利石为无上妙品。惟各处所产之石，或以石质见长，或以颜色称著，求其若大理所产之能具景物，淡雅宜人，且有无穷之妙者，则为他石所无。盖天地灵秀所钟，即谓为吾国特产，亦无不可。所惜者，大理远在西南，山川险阻，加以我国工业幼窳，出品极少，不但不能驰名海外，即在国内得之亦非易，甚至有不知大理石者为何物者，是岂独石之不幸，亦全国工业之悲也。惟地不爱宝，良材终难埋没，切祷吾国有志之士，努力提倡，组织一大规模之公司，延聘优良工师，开采斯石，精心制成各种物品，运销国内，推及海外，不特可以慰癖石者之志，且可发扬光大吾国之特产。藉此挽回利权于万一，尚其次耳。未知国内贤达矿工业同志以为然否？

## 十四、大理石片之装制

大理石片既可作陈设之用，于是其装置法，自有附带研究之必要。就普通情形论之，其面积大者，多作围屏及屏风，次者可作插屏及挂屏。其中，或以一方镶成，或聚数方集锦，千态万状，种类甚多。就余所见围屏、屏风，有高至七八尺与檐齐者，而插屏之小者，则不过数寸余耳。至其装置，无论何种，均须以木镶之则一。兹就管见所及，略述大理石装制之要点如次：

一、木质须优良。所用之木，应以紫檀、红木、花梨三种为上，其他之木材则减色矣。若镶集锦，其衬托之木材，则以黄杨、楠木、樟木最为相宜。惟紫檀及黄杨二者，现在奇缺，非旧藏者殊不易得。

二、人工须精巧。大理石屏条较为简单，围屏、屏风及插屏若制造其座，最为复杂。简单言之，可分二种：（甲）素座。边框及木座均系木质，不加雕刻者。（乙）花座。其边框或素或花，惟其座必须雕花，且有平雕、透花及镶嵌之别，千变万化，亦如石之纹，无一雷同者。此等手工业，均须精巧，与石相衬，始可收相得益彰之效。业此者，以苏州、广州、北京三处匠人为优，其他则自郐以下，鲜有能及之者。旧日之大理石座，半多收藏于豪家，对其装制，莫不尽态极妍，各具匠心。近代大理产石较多，对于装制，半皆因陋就简，木质既欠佳，式样亦千篇一律。盖价廉易售，少费工料，不得不如此耳。惟若遇奇石，尚望大理各石厂，及癖石之士。仍应配以相当之木座，始可为佳石生色也。

# 十五、大理石收藏保存法

大理石既为石类，质性坚固，其收藏保存法至为简单。惟石片较薄，质脆易碎。第一，须使之稳固，不然轻则损伤，重则粉碎。且愈精者石片愈薄，尤应镶以木框，或盛以锦囊，最为相宜。其次，则大理石性喜清洁，最忌烟尘。若使之隔绝烟火，陈列于广厦精舍间，方得其所。否则，以勤于拂拭、洗涤为是。每见士大夫家陈设大理石者，毫不爱惜，积满尘垢，文质变色，辄为之叹息不已。萧颖士谓砚石有三灾，余谓大理石亦难幸免，望藏石者加意也。

余藏灵岩石，大半系伯氏志瞻所赐。丁亥夏续修石谱，惜伯氏已故，未及见也。爰赋短章，以志悲怀。轮远：

十载红羊劫，人亡石尚存。灵岩仍旧色，春梦竟无痕。睹物弥增感，奇文谁与论。潜英如可得，持往一招魂。

# 十六、万石斋大理石屏纪略

万石斋所藏大理石屏，约百余方。兹择其尤者二十幅，各记其概略，并系以诗，友好间有题赠，亦附于后。

## （一）五岳独尊

系一方幅屏，纵、横均一尺二寸，白玉质，苍绿纹，层峦叠嶂，气象万千，望之恍如泰山之岩也。

昆仑东注万马屯，五岳争长惟岱尊。振衣千仞众山小，气压沧海撑乾坤。尘世徒惊造化巧，孰知粉本今犹存。天惊石破鬼神泣，崩崖凿断山灵魂。蛮烟瘴雨人未识，不辞万里投吾门。漫游昔曾登日观，茫茫春梦堕无痕。今朝失喜伴石丈，如逢旧雨开清樽。

## （二）华岳三峰

横幅屏，高一尺二寸，宽一尺八寸，白质褐章，突现三峰，高耸天际，崔灏诗"天外三峰削不成"，其为斯石咏乎。

三峰遥耸青天外，鬼斧神工旧凿痕。奇石竟能成具体，嶙峋岂是华山孙。白香山诗："三峰具体小，应是华山孙。"

### 李啸秋题

拔地凌云插石剑，擎天承露矗金茎。奇峰排列分高下，疑是神工一削成。

## （三）黄山云海

方屏，纵横各一尺二寸，质微灰，黄绿纹，峰峦起伏，云雾弥漫，俨然黄山云海也。

白云铺海隐嵯峨，片石英英幻境多。可有诗人黄仲则，絮袍剪处化兜罗。仲则《铺海》诗，有"乱剪白云铺絮袍""被遍〔天下〕寒士无寒号"句。

## （四）雁荡一览

集锦屏，嵌石十四幅，径八寸圆石居中，上下各附长九寸，高三寸横幅一，其余则为径三寸圆石绕之。质白如玉，纹绿似染，争奇竞秀，各具妩媚之态，酷似浙东雁荡胜境。

人间难得此湖山，欲往寻奇道路艰。赖我点苍留片影，图成咫尺慰愁颜。

### （五）白云在望

此石系至友周仲迁所赠，径七寸圆屏，远山浮翠，白云覆之，其前似一童子独坐远望，生动异常，洵上品也。

周子总角交，怜余有石癖。投我胜瑶琼，苍山来远碧。造化人莫测，冥顽隐奇迹。仿佛有人兮，遥望浮云白。神游天地外，南面似不易。石中人看云，石外人看石。相看两不厌，乐与共晨夕。更念故人情，终身永无斁。

#### 李一菴题

望眼居然现秃翁，白云拥絮满晴空。当前幻出无边相，鬓影山光一镜中。其一

在天无意从龙去，出岫还思伴鹤归。匪石此心终不转，相看不厌到斜晖。其二

### （六）青鸟使

此石系纵八寸之方屏，质白纹绿，山巅涧底，幻出二鸟，因以青鸟使名之。

尘世空传青鸟使，东方仅见汉皇前。孰知点苍留艳影，竟有双鸟来联翩。翠羽神俊异凡鸟，浑似鹏翼垂青天。一在高冈一在涧，大河如带山如拳。癖石若我口流涎，不顾妻孥不论钱。捧归萧斋拜且舞，犹盼王母来天边。

## （七）独坐看云

立方屏，高八寸，宽五寸，似大米山水笔意。其下磐石上，现一老人形状，若"坐看云起时"也。

出岫本无心，归来亦无意。为问石中人，久看何所思。

## （八）湖山夕照

横幅屏，高五寸，横七寸，具黄、绿二色。一湖秋水，万叠青山，夕阳返照，益增其媚。

黄昏时节白云闲，软翠浮岚带醉颜。休道夕阳归去也，来朝仍照旧湖山。

### 张仲文题

峰峦起伏水中间，倒影空明足破颜。最爱晚晴无限好，况教佳景对湖山。

### 张暌厂题

返照幽妍饶画意，雷峰倒影足诗情。湖山历劫长无恙，洗眼人间看晚晴。

## （九）江村雨霁

横幅屏，高五寸，宽六寸，质白似雪，翠色欲滴。其景作隔岸山光开霁，草木含烟之状，而其前则似大江东注，更有悠然不尽之意。

隔岸山光江影清，无边新绿映新晴。石中空蕴如膏雨，不到人间洗甲兵。

### 李啸秋题

江村霭霭惯吞烟，云影波光欲接天。最是雨余晴更好，群山青到酒樽前。

## （十）荒山积雪

横幅屏，高五寸，宽六寸，灰质黄纹，平列三峰，冻云绕之，山巅色白如积雪。

江南三月莺花好，塞上依然草木枯。拾翠踏青成梦想，荒山冰雪几时无。

## （十一）石中石

形同前石，白质绿纹，天然生成太湖石影三，瘦绉透漏，奇谲异常，恐米颠下拜之品，不是过也。

一片点苍山，皑皑白逾雪。怪石争低昂，荦确颜如铁。瘦皱透漏丑，谛视尽奇绝。石中更生石，造化抑何谲。红尘梦中梦，茫茫浑无别。剧怜梦中人，不悟同一辙。

## （十二）奇峰独秀

立方屏，高八寸，阔四寸，两面纹俱似孤峰插天，坚挺秀逸，类马、夏笔法。

苍山片石不盈尺，万仞孤峰竟插天。雨雨风风相伴我，顿教斗室长云烟。

**李啸秋题**

孤峰高插逼云端，远胜千重更万盘。马夏规模饶秀色，真同一幅画图看。

## （十三）绝岛惊涛

形同前石，质微灰，纹如万顷波涛撼孤岛也。

倒海排山天地空，蛟龙得势挟长风。可怜荒岛粼粼石，日在惊涛骇浪中。

## （十四）碧落横云

形同前石，绿纹如青云冉冉，横亘太空，斯石不转，绝无白衣苍狗之叹也。

白衣苍狗斯须变，饭颗吟成寄慨深。惟我苍山石不转，云横碧落万年心。

**刘云孙题**

软翠浮岚靖俗氛，勒移谁作北山文。点苍灵气来君屋，天末常留一片云。

## （十五）天台采药

小横屏，高三寸，宽三寸五分，两峰罗列，草木葱郁，山腰山顶，忽现二人如豆。若非刘、阮，谁能莅此耶！

幸逢仙子住天台，眼底桃花烂漫开。究竟人心难比石，问君底事又回来。

## （十六）春山如笑

小圆屏，径三寸，郭河阳谓"春山如笑"，形容尽矣，斯石岂其缩影乎。

望里螺鬟别有春，山眉展处画图新。众生那及无情物，不带愁颜有几人。

**张仲文题**

历尽炎凉秋复春，春来景象即更新。世人比比仍昏睡，莫讶山灵能笑人。其一

洪荒到此几何春，日暖风和即刷新。石纵不言颇解意，居然喜气也迎人。其二

**李啸秋题**

园花看罢步迟迟，又去看山雨过时。山色郁葱春最好，螺鬟翠黛笑舒眉。

## （十七）谷口莺声

椭圆屏，横四寸，其纹肖一黄莺立石上。

仿佛乔迁出谷莺，愁人着眼更分明。茫茫大地军麾满，纵是王官也苦兵。《唐书·司空图传》："图本居中条山王官谷，有先人田，遂隐不出。"

## （十八）点苍春晓

小圆屏，径仅二寸，质白纹绿，无上精品，峰分两重，腰云戴雪，殆点苍山自写照也。

灵鹫孕石画，荒茫溯古先。白云散岩谷，曙色浮远天。峰峰眉黛展，如笑明镜前。丹青自写照，造化真有权。不待愚公力，持山掷北燕。罗致万石斋，奇福岂偶然。不学襄阳拜，抱君夜夜眠。叶石林癖石，夜抱之以眠。

## （十九）软翠浮岚

径四寸，扇面形，山青云白，秀色可餐。

片石出点苍，雨晴云更好。移来万石斋，天然成画稿。

## （二十）行有恒堂双石屏

横六寸，高五寸，挂屏二幅，两面成纹。其一，前面题曰"野渡无人舟自横"，后曰"冬岭秀孤松"。其二，前面题曰"洞口延薰人独坐"，后曰"岭上多白云"。石纹均酷肖所题句，前清和硕睿亲王府故物也。

李一菴题七古一章，更为斯石生色。其诗曰：

点苍山头孕奇石，好事视之同拱璧。割取滇南万里云，无端阅尽兴亡迹。入关定鼎遵偏师，想像名王全盛时。异数宫中颁风诏，艳闻海外进蛾眉。《多尔衮传》："朝鲜送女至，王迎于连山。"谁从林外抛金弹，象管银罂青玉案。偶学文人咏挟山，晴岚软翠供清玩。殉衣龙衮谤书腾，王死后除封，罪状以殓服潜用龙衮。春草昭西别有陵。北伐空劳呈玉玺，王略代州时，得元玉玺进上。东征无术感金縢。削藩诏下争嗟叹，功罪千秋难判断。身后珍奇付与谁，明珠宝玉同零散。五色何须问雨花，天南石画足矜夸。双双有类红襟燕，也到寻常百姓家。新邦周召溯共和，让国始终由摄政。莫讶青田烧饼歌，岂真历数皆前定。惆怅西风海子桥，偶随行客吊前朝。雕戈画戟空文物，玉斧鸾笙久寂寥。转瞬繁华真一梦，市廛流转谁知重。砚山何处觅襄阳，雪浪未闻逢和仲。嗜古张君迈等侪，一拳九华费安排。古缘似结三生契，佳品欣归万石斋。仙源野渡异凡流，云白松孤图远岫。幻境诗心赖品题，外缘木饰工雕镂。龙凤燕台迹已陈，仅留微物倍堪珍。文饶醒酒石何在，一记平泉愧达人。每置楼头远尘滓，好景天成疑画里。作序空思阮研经阮云台有《石画记·序》，报书敢效章思绮。章藻功有《谢大理石屏风启》。行有恒堂印尚存，曾经朱邸又清门。炷香应学龚生例，奇制能销万古魂。

## 丁亥春得一印石，刻"颇有闲情弄石头"句，
## 戏为辘轳体三绝句

轮远

颇有闲情弄石头，闲情岂是稻粱谋。栖栖名利奔驰客，输与萧闲水上鸥。其一

美君清福几生修，颇有闲情弄石头。学步邯郸君莫笑，个中消得几多愁。其二

物侯惊心溯宦游，飘摇风雨费绸缪。如今扫却浮云障，颇有闲情弄石头。其三

# 十七、《万石斋石谱》附抄关于大理石之记载

## （一）《云南通志》

《石画记》三卷，江都张肇岑、仪征阮荫曾同叙录。北宋虢山石能似画屏，故欧阳修有松石鸦月屏，苏轼所题亦有月石风林雪林砚屏，皆未如今大理石屏之画。大理石昔只白质黑章，今乃备各色，为山水、烟云诸状，能似宋元名家画法。此就其在滇数年所见者，叙录之。

## （二）《云南省志》

给舍杨士云曰："按省郡旧志，皆洪武末年所修，不载点苍石。景泰丙戌修《一统志》始载之。夫《禹贡》所载，惟服食器用，而耳目之役不与焉，梁州璆铁银镂砮磬，雍州球琳琅玕，咸器用也。点苍石，细玩耳，工匠之伐凿，终岁血指，人力之传送，何日息肩？君子不以养人者害人，况非养人者乎！不作无益害有益，况非有益者乎！不贵异物

贱用物，民力乃足。巡按陈公察议请封闭，民亦有利哉。"

## （三）《长物志》

### 文震亨

大理石出滇中，白若玉、黑若墨为贵。白微带青、黑微带灰者，皆下品。但得旧石，天成山水云烟，如米家山，此为无上佳品。古人以相〔镶〕屏风，近始作几榻，终为非古。近京口一种与大理相似，但花色不清，用药填之为山云泉石，亦可得高价。然真伪亦易辨，真者更以旧为贵。

## （四）《前尘梦影录》

### 徐康

大理石，本唐之南诏洞中所产，有五色纹，或具山水、人物、草木、鸟兽等形，皆铜铅之气蕴之也。其地在西南偏僻，人物少，而山川灵秀，乃钟于石。其佳者，质色如玉，细腻无疵。道光间，阮文达公督滇黔，伊萃农星〔里〕布为云抚，采石最多。阮公归田后，筑石书画楼以庋之，巨者为五尺屏，绿萝藤蔓满幅，洵巨材也。间有仆辈窃出者，曹秋舫丈悬重值购之。闻有四石，约尺有咫，分具四时山水之景，秋丈题句于其上，倩王石师云精刻，今存闽王氏。

## （五）《玄览》

### 詹景凤

苏按云南回语："予于大理府察院中，见一拓石，三片，世希有。石极高且阔，色则如玉，其天生山水、人物、亭台，备五色，乍见以为画也！山青、云白、树绿，花或红或白，皆如笔点成。有松许林，则紫干绿针。人若官员，则面白衣朱，侍从则衣蓝。自云见此为神移目骇者数日。"

## （六）《徐霞客游记》节录

### 徐宏祖

自后历级上，为净土庵，即方丈也。前殿三楹佛座，后有巨石二方，嵌中楹间，各方七尺，厚寸许。北一方为远山阔水之势，其波流潆折，极变化之妙，有半舟庋尾烟汀间。南一方为高峰叠嶂之观，其氤氲浅深，各臻神化。此二石与清真寺碑跌枯梅，为苍石之最古者。清真寺在南门内，二门有碑屏一座，其北跌有梅一株，倒挂垂跌间，石色暗淡，而枝痕飞白，虽无花而有笔意。新石之妙，莫如张顺宁所寄大空山楼间诸石，中有极其神妙，更逾于旧者。故知造物之愈出愈奇，从此丹青一家，皆为俗笔，而画苑可废矣。张石大径二尺，约五十块，块块皆奇，俱绝妙着色山水。危峰断壑，飞瀑随云，雪崖映水，层叠远近，笔笔灵异，云皆能活，水如有声，不特五色灿然而已。

## （七）《书焦》

### 陈继儒

醒酒石。李文饶《平泉草木记》："以吾平泉一草一木与人者，非吾子孙也。后读《五代史》至张全义监军，与其孙延古争醒酒石，全义杀之。延古守祖戒，因以杀身，亦何足贵焉。"

## （八）《泉南杂志》

### 陈懋仁

乾清、坤宁二宫告成，需石陈设，滇中以奇石四十楳，分制佳名，标奇以进。时岁己亥三月，余给事水衡，目览手抄，附列篇左〔下〕：

春云出谷　泰山乔岳　神龙云雨　天地交泰各大五尺一寸

玉山韫光大五尺

河洛献瑞　玄嶂云收　江汉朝宗　奇峰叠出　海山朝
旭各大四尺一寸

锦云碧汉　虹临华渚　雪溪春水　群峰献秀　麟趾呈
祥　龙翔凤舞各大四尺

一碧万顷　雪岩春霁　云霞海曙各大三尺

万山春晓　春山烟雨　百川霖雨各大三尺五寸

溪山烟霭大三尺一寸

寿山福海　云汉丽天各大三尺六寸

湖光山色　函关紫气　春山烟雨　卿云绚彩　云霞海
曙　云霞出海各大三尺五分

龙飞碧汉大四尺八寸

山水人物屏石八块　山川出云大三尺九寸五分

烟波春晓大三尺四寸

白雪春融大三尺三寸

云龙出海　槎泛斗牛各大三尺五寸

春云出谷　海晏河清　振衣千仞各大二尺九寸

## （九）《滇考》

### 冯甦

点苍屏石产大理府，虽不在外彝，然采艰运远，亦
以累民。嘉靖十七八年曾奉取用，二年之外，始得至京。
三十七年取方三尺五寸者六块，自本年六月至十一月止，

行三百里，运至普溆，因重不能前进。四十年又行取五十块，高六七尺不等。巡抚蒋宗鲁抗疏谏止。然当时取办，犹不论何项石纹。至万历二十一年，为两宫铺地，诏取凤凰石百余，求之益艰，供役者十死八九，惟高不过三四尺。犹以为蒋公之力焉。右志乘所载，皆止行之自上者耳，其他长吏之馈遗，权要之需索，不可胜计。民穷思乱，亦孰能禁之哉？

## （十）《好古堂书画记》

### 姚际恒

大理小石屏二：其一，高八寸，阔一尺二寸，绿山，质白如羊脂玉，余题曰"淡冶如笑"，取郭熙言春山也。其二，高六寸，阔五寸，远山陂陀，共有四层，山如点黛，分浓淡为远近，下陂、树汀、竹径、细路、断岸，一一如米家法，真几案间奇玩也，余题曰"南宫笔意"。

## （十一）《滇海虞衡志》

### 檀萃

楚石出大理点苍山，解之为屏及桌面，有山水、物象如画，宝贵闻于内地。高督为十品：层峦叠嶂、积雨初霁、群山杰立、雪意未晴、雪峰千仞、碧岫微烟、水石云月、云山有径、浅绛微黄、孤屿平湖，各系以诗。然其景不止此，或高公所得仅此耳。楚石似若可喜，及读张佳印《三石篇》，为祸地方曷有极耶。尝于劝学宫见所砌长石板，旭日初照，作柏叶纹，使匠作油发必大显，但其粗脆易剥，不如楚石白润坚致，故不中屏材耳。间亦作种种物象者，可知天地间何所不有。诸洞物象，皆成自天然，而窑变大士，蛤藏佛象，其小焉者也。

## （十二）《滇南杂志》

曹树翘

大理石屏，有山川云之状，唐李德裕以为醒石。

## （十三）《南中杂说》

刘昆

榆石，点苍山所出也，凿顽石深入里余，竭民力而取之，以逼真入画者为佳，然佳者卒不概见也。康熙十二年，予尝入逆藩便坐，见一石屏，高六尺、宽四尺余，山水木石与元人名笔无异，或曰此黔宁旧物云。嗟乎！此种怪物，原非寻常可遇，而士大夫必欲困民力以取之。小者概不可用，大者又不能佳，而痴重可厌，非人力可挽。奈何劳民伤财，以购此难得而无用之物欤。

## （十四）《滇系》

师范

点苍石出苍山麓，白质黑章，有山水、草木之状，可制为屏玩。

## （十五）《金玉琐碎》

谢堃佩

云南大理府所出之石，名大理石，白质黑章，间亦有黄章者。见元瑜刘先生家有大理石插牌，黑文如米家山水，远近两山，中设一桥，人持伞于桥上，风雨之势，恍然在目。桥外一舟横斜，若野渡状，远山则烟雾迷离，中悬飞瀑。余每卧读移晷，因悟天工所以能胜人工者，此也。

### （十六）《云南考略》

龚柴

点苍山石，白质青文，具山川、草木之状。人多琢以为屏，以其产大理，称大理石。

### （十七）《滇云纪略》

张若骕

点苍石出大理山崖洞中，白质黑章，有人物、山水、草木、禽鱼之状，可为屏几。

### （十八）《滇游记》

陈鼎

其下多文石，三塔寺后产者乃佳，余皆白石而已。

### （十九）《蝶阶外史》

大理石屏，间有具人物、花鸟者。卢香石大令文选令云南会城，文庙有石屏风二：一为五老游河，一为十八学士登瀛洲，衣褶须发，逼肖生人，则尤不可思议矣。

### （二十）《中国美术史》

大村西崖著陈彬龢译

石之雕刻，其大者如宫殿、陵墓之华表、石兽、碑头、石楹，及种种之建筑装饰。其最易见者，如殿前之石狮子，亦随琢工之技艺与想象，而成各种不同之形态。有狮头稍倾斜者，或系明代以后新出之式样。及殿陛之云龙，呈浮雕之花文，具森严之姿态，有凛然不可犯之势。其小物之雕刻，亦极玲珑之能事，如上述之砚，其最精细者也。又有就石之原形，不假雕琢,而成天然之图画者,尤可宝贵,故唐代诗人元微之及僧无闷,有咏"山林""石屏"之句,宋欧阳修亦有用"山松""石屏"入诗,苏东坡诗亦多"月石""风林""砚屏"等字,陶穀之《清异录》亦曾言"玉罗汉石屏",其名贵可想见矣。此等石,多产于虢州之朱阳县,而明州奉化县之石,亦有寒林、烟雾、朦胧之状,浓墨点染高林之态。安徽无为军之石屏,亦与此相似。明陈眉公最爱之,常〔尝〕见如董、巨所画之石屏,名曰"江山晚思"。李日华亦有荆、关、董、巨之想,而爱大理石屏,即阮元所称石画是也。晚明以来,始见于世,其产地在云南大理府之点苍山,故以名焉。该山有十九峰,遍产是石,而以第十之中和峰山腰所产者,最为佳妙,白质黑章,雅有落霞、霜枫之斑纹,最为珍贵。如锯断得宜,则董、米、石涛所画之山水,亦无以过之,或杂枫林红叶,或著春江凫鹭,或点晚空归鸦,种种奇景,纤细毕呈。装之于屏榻、几桌之中,嵌之于楹联、壁匾之上,其饶雅趣。道光中阮元开府滇黔,采获最多,尝著《石画记》,于该石采掘、鉴别之法,言之颇详。至今收藏家犹能道之。

## (二十一)《游滇纪事》节录

### 钱士青

大理石为云南特产,或制成挂屏八幅,上等者约二三十元,次等者十余元。或制作插屏一方,上等者约值七八十元,下等者亦须十余元。分别大理石之优劣,以天然之色,而磨工又平整,以手拂之无凹凸之处,即为上品。如着颜色而又不平整,即为下品。或制作花盆,如系完全之大理石雕出者，即为上品，价值较贵。其次以六方镶成者，而价值较廉耳。

大理石本天然之妙品，为中国之名产。惜无人组织大公司，多聘上等工师制成各种妙工，务合于外人心理。或插屏、或花盆、或花屏，以及各种玩物，镶成紫檀之木，加以灵巧之工，然后运输各国销售，定能获大利。余前在欧美时，见浙江青田人将青田石雕成小件，运至外洋沿街零卖，每年尚不下数十万元。若能运销大理石于伦敦、巴黎、柏林、纽约等处，如能合外人心理，每处年销百余万，亦甚易易事也。

外人以各种工艺品易我金钱者，年不下数千万。我之工艺既不及人，惟有以天然品与之争衡，渠无可仿效也。今若弃其自然之利于泥土，而不设法推广之，所谓抱金乏食，然欤？否欤？

大理石如制成妙品，不独外人欢迎，即内地亦人人欲购。余出京时，曾有友人一再致托，云同时可多带大理石，因京师不易得也。滇越铁路久已开通，此项大理石为何不多运至内地各省售之。余仅见香港、广东行销之，以其制为桌面、椅面等，此皆下等材料，上品多不知见也。如能行销内地各省，每年亦获利不少。总而言之，无大公司，商家个人之力微，以致不能从事改良，望滇中士大夫设法早图之，勿放弃自然之大利也。

## （二十二）《大理访古记》

### 鞠孝铭

由一塔寺循山麓北行，一路荒冢累累。冢作圆形，前立大理石墓碑一方，每冢皆然。其考究之冢，则高大作长圆形，冢外包以凿就之大理石，光净洁白，若石椁然。山麓砂石层积，不利耕作，故为死人所居。由一塔寺至我们次游之地三塔寺，须经过大理石之制作处，决定顺道参观。大理石系由石灰岩变质而来。苍山之岩石，即以变质岩为主。以大理所产者为佳，故以为名焉，又称楚石。雪人峰及南北诸峰皆产，横亘山麓，成水平分布。《珍玩考》云："大理府点苍山出石，白质黑文，有山水、草木状，人多琢以为屏。"大理石之最早被发现，约在唐代。《一统志》云："出点苍山。唐李德裕平泉庄'醒酒石'即此产也。"历代以来，便被视为珍品，且入贡焉。而文人学士，更锦上添花，加以吟咏。毛翰中之《大理石赋》云："其幽岩悬瀑，黛泼乳滴，停盎剖瓮，飞檐橡壁，则仙人、佛子之所窟宅也。灵湫邃洞，奇花虬柏，青牛白鹤，金膏琼液，则幽人隐士之所游历也。枯槎老柏，燃脂流血，龙颠虎踬，雪压霜折，断桥卧水，偃蹇皱裂，则山农、野叟荷锄持斧之所咿嚘踧踖也。荒林古冢，轻烟淡月，妖狐狡兔，风嗥而雨啸，山鬼木魅，旸晱而跳掷，则骚人迁客之所哀吟吊影，惊心而动魄也。"描写大理石之文采图像，可谓尽善。大理石文，以逼真入画者为上，然佳构毕竟不可多得。前人高䝉曾有十品之分：

层峦叠嶂　积雨初霁　群山杰立　雪意未晴　雪峰千仞

碧岫微烟　水石云月　云山有径　浅绿微黄　孤屿平湖

我们来至大理石制作处，一片打珰凿石之声，不绝于耳。计营是业者，凡三十余家，门户相对，栉比而居。石由山上采来，就材作物，先凿成雏形，次加雕琢，再为磨光，以是步工作最为艰繁，而需时亦多。及至磨光后，再涂上黄蜡，于是光莹泽润，文采毕矣，是为成品，即运至大理出售。制石铺中，将石质分为三种：

（一）杂绿花。五色具备，生成天然山水者，苍翠欲滴，秀色可餐，其质温润而清凉。盛销广东。

（二）水墨花。纹有浓淡粗细，效各种皴法，产于三阳峰，开采如掘井，现已掘至六七丈深。其价较昂贵。

（三）净白石。产于杂绿花中，作碑、榜、墓石之用。

三类之中，以水墨花为最名贵，杂绿花次之，净白石则极普遍，各店皆有。其自己之石矿，互不侵占。我只买了杂绿花质之小石屏四个：一题"溪山烟雨"，一题"梅老更精神"，一题"山高水长"，一题"春江水暖"。至水墨花质，尚无成品，只有留在城内买矣。

### （二十三）《大理的大理石》节录《旅行杂志》

#### 赵德厚

民国三十七年四月二十日的清晨，我赴大理，即去探访大理石的究竟情形。大理石，虽是滇西大理的名产，却是全世界驰名的，全世界产大理石最有名的地方，即意大利和滇西的大理。无论意大利的也好，滇西大理的也好，人人都公认为大理石，顾名思义，这无疑地是影射和纪念滇西的大理石。所以，县志里也说得有"大理石以大理出者为最佳，西人以地名之"。纵虽大理石是几块石头，这也是我国的一种光荣。

## 采访础石街

在大理的人叫大理石为础石，你同他说大理石，有些人还不懂得是什么东西。础石二字的由来，我们就可以推论到大理石这种东西，在当初未被人们发现他的优点的时候，是被人们利用来作基础建筑房屋的。可是到了今天，大理的人们还是喜欢利用石头来作基础建盖房屋。不过不是础石，顶多亦不过是被人们遗弃的劣等础石罢了。石头一跃而为掌上珍，不仅人们于时运方面有幸而不幸，连石头都是如此。

在大理专以大理石为职业的有一大村人，男的在山上开采石头，女的在路途背负石头和在家里琢磨石头，正如种庄稼的人，一家大小都靠田地去生活的情形是一样。这一村人在大理城北三里许，名为础石街，约三百余户人家。础石街街道十分整洁，挨门擦户都是在做大理石，只要你一进到础石街去，叮叮当当在琢磨大理石的声浪，就向着你的耳鼓袭过来。你向着每一家住屋里一看，已成品或未成品，堆积得满眼的石质山水图画、鸟兽、虫鱼，真是琳琅满目，美不胜收。你那时候才欣然地感觉得到上天的造物，已是老早地就在那里安排好了。这张很美丽的天然风景，不是曾经如像未琢磨成功的石头一样躲在里面吗？础石街上的人，完全是民众人。所谓民家人也有，是土著，正是我们人类的原始祖先的后裔。因为我们汉人，是经过若干次的迁徙和混合。民家人有民家人的话，在外人是听不懂的，不过遇着外人时，他们讲的就是普通话。他们对人非常之客气，这种客气，是出诸内心的喜悦，并不是有主顾上门，财神老爷来了，另外装出一副面孔来。

我到础石街目的是，想探访一下大理石的生产情形。到街上一看，只见他们用石料一块块的在琢磨着。我问他们："这些石料是由什么地方来的？是不是大理的任何石头琢磨开都有花纹，都可以用？"他们笑嘻嘻的回答我说："有这样容易的事？有这样容易的话，础石根本不值钱了。"到底大理石的石头是由什么地方搬运来的？我急切的想知道一下，他们叫我回转过头来，并用手指着西山顶上一堆皑皑的白雪的地方，对我说："你看，础石就是由那个地方背下来的。"

所指有白雪的地方，那就是苍山之颠〔巅〕啊！有终年不化的白雪，他的高度就可以想见啊。我的这颗好奇心是非常之雄，既到了西天，一定要去见见佛头，就请他们指引我的路程，最好请得一个人带我前去。

他们见我有着这点勇气，极表赞同。不过，都说时间迟了，最好明早上，早一点来，和着他们的工作人员一齐上山。我看看表，方上午十点欠十分钟，时间还早啦，硬要请他们找一个人带我上山。他们不得已，临时请来一位正在工作的小伙子，叫他今天的工作不要做了，领我上山，他今天所得的工资五万元，应由我付出。我看如此关系并不大，就欣然的同意了。水都不得喝，我们马上开步走，在础石街的那几位人临时还嘱咐我们："你们早一点回来吧，你们不耽搁，下午四五点钟就可以回来了。"

## 险登础石库

出础石街，正西行三四里后，即由西北边缓缓地朝着前面的一个山峰底下的谷口上坡。大理的三月天，天气很好，微风迎面吹过来暖和和的。到上慢坡的时候，天气就有点热了。快走了将近一个钟点，已热得不得开交，里面的衬衫已被热汗印湿了。斜对面和迎面而来的是有好几个积雪的山峰，那山峰之上，仿佛有好几层云雾遮盖的。有时候山峰也被那吞吞吐吐的云雾笼罩过来，一会儿露露脸，一会儿又躲藏起来了，这就是大理苍山美妙的幻境呀。我们一边走，一边在看得出神。"这般燥热的身体，能有苍山顶上的积雪来清凉一下就好了。"我这末想，"不远啦，我的目标就在那里呢。"我自己又这末安慰着。

这位当向导的小朋友，年可十四五，比我走得快，一路上只是他在前头等我，我很惭愧。同时，我也联想到都市上生活的人们，正如某漫画家所画，几千万万年以后，除脑部过份发达之外，许多器管尤其是足部渐渐地退化，甚至有一天退化到不成人形的样子，也正相仿鸡的翅膀不能飞翔，虚有其名是一样。他跳蹦蹦地，我是非常之吃力，他一路和我谈，我们今天所去的这一峰叫三阳峰，他们的民众话叫萨药讽。本来大理的苍山上，有五六峰出产大理石的，最远的出产淡墨花石和白石。因为路程太远了，今天不能打转，只能去近一点的三阳峰。三阳峰出产绿花石，也是大理石中次好的出品。我的目的不在乎参观那一颗的石头，只要能够参观着一处较近的就是了，反正任何大理石的开采，都是有固定的一种方法。

我们抵达谷口，已经经过了两条大溪水，溪面差不多有十来丈宽，溪水很浅，我们都是由溪水的石头上走过去的。溪水间的石头，有一间写字间大的也有，小到一个拳头大的也有，有的浸在水里，有的却高高的堆积起来。这些溪石，大多是灰白色，间或也有各种花纹，各种颜色的。我见了，认为就是础石。他说："会有这样便宜的事？"

再由谷口朝山腹里头走，路的坡度越发高，也越发来得弯弯曲曲。不过，气候转变了，较谷口以外凉快得多。一会儿，耳朵里忽然听见一种非常悦耳的歌声，由远而近，渐渐的到我们的面前了。原来是两个二十岁左近的大姑娘，面庞子粉粉白白，头发辫上扎了鲜红的头绳，还戴上几朵香花。每个人都是背负了很重的大理石由山头上下来，粉脸儿是汗浸浸的，而且姿态是多么的大方，又是如此的健康美。我们走得十分疲乏，看见他们几乎神往了。因为山路过于狭窄，她们就将大理石歇下来，让我们通过，顺便问一问她们础石库的路程，她们说："不远了。"说毕，即背了大理石沿着下山的路，很悦耳的又唱起山歌，这歌声又在很远的地方消逝了。

　　时间快近下午一点钟，我们也将走了三个钟头的路程，苍山的白雪已将接近我们。这时，山风起处，有着丝丝儿的寒意。又绕了几个山嘴，一条大溪沟如白练似的呈现在我们的面前。那位小朋友说："到了，到了。"我也很兴奋问他："就是水溪间的石头吗？"他摇摇头，并且用手指给我看，就是在溪水边一直朝上望的那些岩壁之上。溪水间的石头，有一部分是由岩壁之上倾倒出来的。他还很仔细的指给我看："那不是工作的人吗？"。

　　好一阵子，才到溪边。为求迅速达到础石库起见，我们从小溪一直爬上岩壁去。所谓小路，这里也得加以解释，根本就没有路，不过是从岩壁之上倾倒下来的石质的渣滓。顺着渣滓，登坚脚步，手掌扶稳，身体靠拢，一步步地慢慢儿往上爬。

　　爬这一段渣滓的石质路程，当时是有勇劲，天不怕，地不怕。现在回想起来，心里头真有几分寒悚。若果当时有一部分渣滓松滑了摔将下来，岂不是一个人白白的就这样了结了么。并不太高的渣滓路，我们竟爬了半个多钟头，其艰险就可想而知了。

　　这里有着一段插曲，也是关于险登础石库的事。民国三十年的秋天，西南联合大学冯友兰、费孝通、潘光旦、曾昭抡等十位教授去大理讲学，也曾集体的去探访了一次础石库，只有到溪沟边就打转了。攀登若不是太〔过〕于艰险，他们又何必差这一篑之功。顶有趣的是，曾昭抡先生将溪间的石头误认为是大理石，并且〔在〕《旅行杂志》第十七卷第三期上写《大理石的寻求》的一篇文章。他说："这条溪沟里，所有石头差不多全是大理石。大块漂石，外面多作深色，剖开以后，却是雪白的，具有美丽的花纹的础石。沿着这条溪沟往上爬，约一刻钟，达到将近丫口的地方。上面一段，许多础石业已凿开，开采痕迹历历可见。"溪沟里的根本不是础石，开采础石是在山洞里，也绝不会历历可见。倘若溪沟里的是础石，不会这样值钱了。

## 础石库巡礼

我们爬到了岩壁之上，进入了一个正在进行开采大理石工作的地方，原来是高高低低一窟窟的山洞。山洞口还有被盖和一些家具，是工作的人们预备在山上食宿的。这儿的气候非常寒冷，还有不化完的积雪，天气总是十分阴霾，我们就到火炉旁边烤火取暖。在洞中工作的人们见我们来了，忙提了茶壶，到洞口侧边撬了一些积雪来，化雪水、煨开水给我们喝。我们的口的确太于干燥了，喝下了几口雪水之后，心胸为之畅然。

一位姓杨的打大理石的工人，畅谈础石库的情形。他说能够爬到这儿来的人，一年遇不着几次，而且大半都是外国人，尤其是集体而来的。像我这样单枪匹马，尤其罕见了。他并且说，他们开采大理石的情形，一年之中有好几个月不能工作，因为雪一下深了，就寻不着来去的路。他引导我们去洞中参观，他开采的这个洞子，已有三四丈深，据他说最深的一二十丈都有。他们开采的方法：首先寻着石苗以后，即用炸药炸开，挑选好的碎片来琢磨。如果一大块都是很好的话，就舍不得炸了，由边沿用凿子将它凿下，如切豆腐似地，又慢慢的用凿子一片片的将它分解。在这个时候，看它凿下来的形状和花纹等，就可以决定将来是做一块石屏，或者建筑之类的东西了。因为在高山上气候恶劣的关系，和大石块崩压的关系，常常地有些开采大理石的工人在此断送了生命。开采础石之另一法，是利用明坑，是由地面直直地挖下去。大凡最好的淡墨花石，就是用明坑开采的。我们也经引导去参观一处明坑，因为没有人工作，故不能看到开采的情形。

回头已是下午三点钟了，我们不敢去再爬那一堆石渣滓，只有转弯抹角，绕了许多的路才下山。到础石街时，已是金乌西坠时分矣。我的两腿已足够酸痛矣，饥肠早就辘辘矣。今天爬础石库，我只有一句话："一块大理石的得来，真不容易。"

## 一块大理石是怎样制成的

国内或国外驰名的大理石，他的用途不仅是可以作建筑材料，美术上的装饰品，同时也可以用在许许多多实用的事物上，如盘子、墨盒、烟灰缸、桌面之类。大理石在苍山蕴藏量十分丰富，品质和花纹亦极美丽，可惜偏隅西南的又一角落，交通不便，不能畅销各地。且开采的方法亦极陈旧，这也是不能和西洋货竞美的原因。一块大理石是怎样制成的，据我知道的，至少有这几个步骤：

一、开采。是到础石库去工作，分明坑和暗洞两种方法开采，将大理石的生料开采出来。根据花纹和形状，鉴定他可以做一个什么东西之后，又用凿子凿出一个规模来。这种工作，雪下深了，就得停止。

二、琢磨。利用人工将粗具规模的大理石由础石库背到础石街，细细地加以琢磨。琢磨的工作均由粗糙逐渐细致。关于琢用的铁钻子有好几十把，关于磨用的各色石块，也有好几十种。每一块大理石的完成，是要经过若干次的琢磨工作的。不过大理石的花纹也是一种机会，多磨或少磨一分都不行。到最后的工作，是要有最丰富经验者，和最高深构图取景的人来指挥。万一失了这个机会，一块石头上，不会再有第二个机会了。至于景物中尚有美中不足，小小的改正工作，也是在这个时候完成。

三、品题。所谓"画龙必须点睛"，假使是一幅天生成就的山水，没有几句题款在上面，不是就大大的为之减色吗？所以只要业已琢磨成功的大理石，不论大小，总要有几句诗词和一两个古色古香的图章弄在上面，才算做到雅的地步。品题的人，是有专门人才，他们的文学修养的程度真是令人钦佩。至于丁丁琢磨的人，为了应用方便起见，有时也来得几手的。

四、装潢。俗话说得好"牡丹虽好，须绿叶扶持"，他们对于大理石的装潢，也特别的考究。譬如一块石屏，要配上一个古色古香的屏架。这种小小的工作，也决不能忽略，若果弄不好，正像狗尾去续貂一样的丑恶。

## 大理石的出路

大理石是我国唯一的名产，他的出路，亦是值得注意的问题。当滇越铁路火车畅通的时候，江浙一带，尤其是广东等地，最为时新。远如日本和南洋群岛，亦视我国的大理石为拱璧。因为它的好处，不特石质佳丽，天然山水亦足供欣赏玩味。若果是在热天，家庭间陈设一些大理石的用品，亦觉得非常之清凉消暑。基于这种理由，无怪热带的人们最嗜爱我国的大理石了。而且我国的大理石，纯粹出诸天然，较之他国多半用人工代造，所以我国的出品要远胜一筹。假如有一天交通方便，开采的技术改造，则我国的大理石，更有厚望焉。

## 十八、《万石斋石谱》附抄关于大理石之诗文

### （一）《大理石赋·序》

周尚赤

石出今云南大理府点苍山。点苍山者，云南之第一名胜也。昔蒙氏封为中岳，在大理城西五里，高千余仞，横亘三百余里。《名山志》载："山十九峰，十八溪，其第十峰曰应乐峰，亦曰中和峰，腰出文石。"《一统志》云："白质有文，现山水、草木之状。"人多琢以为屏。第其石不见诸谱录。

自唐元微之《题石研屏》诗有"磷磷石屏上，浓淡树中〔林〕分"之句，宋欧阳永叔有山松石屏，狄咏有雪林石屏，苏东坡有月石风林屏，然皆虢山石。暨《清异录》载：玉罗汉石屏，杜绾《云林石谱》载：石品一百三十有六，详其形状色泽。林有麟《素园石谱》：始蜀中终松江。宋牧仲

《怪石赞》所选，悉自黄州。毛奇龄《观石后录》凡四十有九品，皆寿山诸品。此亦非滇石也。惟陈眉公《妮古录》有石屏如董、巨之画，名曰"江山晚思"。又金吉甫云："今青州有丝石，红黄相间，文如林木，或如月晕、如山峰、如云霞、如花卉。二者与大理石相似，而名实殊焉。"

盖此石肇见于前明。明世之所宝重者，以大屏、大案、白质、黑章为最。崇祯时《徐霞客游记》："亲至大理，见净土庵七尺山水二大石，又云第八峰新石之妙，大空山楼间径二尺者五十块，俱妙著色山水。"李日华《六研斋二笔》有云："环列大理石屏，有荆、关、董、巨之想。"顾炎武《郡国利病书》："屏石奉斝，合尺寸于大理苍山，以六七尺为度，次者五尺。"

乾隆初，高总制其倬，又分云水、雪月、浅绿、微黄诸目。阮文达公总制滇黔，采选最夥，及到点苍，张氏兰坡亲至石屋，选数十幅惠寄僚友。故《石画记·序》云："余到滇数年，所见不少，几如云烟过眼，且续集中所寄吟者，亦十之七八。"他如李雨村《石镜屏歌》，章藻功《谢大理石屏风启》，则又流传甚广矣。自时厥后，骚人墨客无不播之华翰，扇为美谈。亦正如嵚崎磊落之材，一遇知己，而名播藉天下欤。

今之所产，色备五采，气如云水，红绿明透，铜星灼灼，备四代之画法，万色斓斑，无不毕肖。其象乎天文四时者，则有所谓湘烟春霁、夏山欲雨、华岳秋晴、寒江雪浪、天际乌云、寒风晓雪、相送柴门月色新诸图是也。其象乎山川、草木者，则有所谓峄阳孤桐、蕉林天影、江梅春渡、杉林茶焙、云深采药、翠微黄叶是也。其像乎鸟兽者，则有所谓鹧鸪天、鸦石屏、寒鸦图、龙雨石屏诸图是也。其象乎仙佛、灵异者，则有所谓彩流仙府、阆水花峰、天台应真图、降魔图、双仙画石诸图是也。

夫彩云南现，有文明之象焉。郡曰大理，有通理之占焉。古之庐橘、玉树、比目、海若，且假称珍怪，以为润色之资。矧兹采色璘烂，信而有征，而不侔色揣称，其何以辨物居方，为山川生色乎。虽技乏桐鱼，而美物依其本，赞事循其原，亦犹左太冲义取摭实，藉以阐潜德幽光之意云尔。

## （二）大理石赋

### 毛瀚丰

客有自滇南归者，遗我以点苍之石。大可屏门，小可障研，铿若金声，腻若锦段。酒阑烛炖，出以诧客。客曰：是何文之烂也？霍然云碧，驳然铜绿，砂床欲晓，丹井长旭，其痕似水，而质则玉。远而望之，已知其异，移檠谛玩，无所不备，盖无待于椎凿毫素，而自得象外之意尔。其幽岩悬瀑，黛泼乳滴，停盎剖瓮，飞栏橡壁，则仙人、佛子之所窟宅也。灵湫邃洞，奇花虬柏，青牛白鹤，金膏琼液，则幽人隐士之所游历也。枯槎老卉，然脂流血，龙颠虎踬，雪压霜折，断桥卧水，偃蹇皱裂，则山农、野叟荷锄持斧之所呻嗫踉蹡也。荒林古塚，冷烟淡月，妖狐狡兔，风嘷而雨啸，山鬼木魅，旸暆而跳掷，则骚人迁客之所哀吟吊影惊心而动魄也。狂呼大咴，喜极而疑，匪缋匪缕，谁实为之？或谓郁罗萧台，泉石奇瑰，簸榆蹶桂，下阴苍岩，星含日隐，木孕山胎；或谓坚冰积雪，冻澈如镜，因虚得照，凡动皆映，写影能留，变形而硬；又谓洪水泛滥，涵天无岸，山川城郭，漂流汗漫，胶凝醑合，缩为方寸；又谓魍魉之精，出入无形，偷舔水墨，戏弄丹青，潜思怪窳，实幽洞冥。客有画师，闯然白首，旁倚诗老，嚜不发口，余揖而前曰："此非天地之画耶？寥实繁媚，平远险怪，淋漓挥洒，不见藻绘，此非天地之诗耶？抟朗为骨，瀄清入脾，随物肖形，而弗容思，愈变不穷，无一之同，不渲染而丽，不雕琢而工。此诗画之极，诣魄不化，而沦于石中，余不解诗画，请以赠二子焉。"虽然，盈天地间皆迹也，不得其意，侔色揣称，愈似而愈隔也。苟得其意，倾耳属目，无往而不适也。天地与吾皆寓，吾寓于诗与画，天地寓于石也。乐吾志以徜徉，何居乎一卷之癖也。

### （三）《石画记·序》

#### 阮元

古罕石画。元微之《石砚屏诗》，始有"浓淡树林分"之句。欧阳永叔有山松石屏，苏子瞻有月石风林砚屏，皆虢山石。狄咏有雪林石屏，《清异录》载玉罗汉石屏，皆非滇石。《云林》《素园》两石谱，皆艮岳之类。惟陈眉公《妮古录》有石屏，如董、巨之画，名曰"江山晚思"，此或是大理石砆。今云南大理府点苍山第十中和峰之腰出文石，明时见重于世者，以大屏、大案、白质、黑章为贵。崇祯时《徐霞客游记》："亲至大理，见净土菴七尺山水二大石。"又云："第八峰新石之妙，大空山楼间径二尺者五十块，俱妙著色山水。"李日华《六砚斋二笔》有云："环列大理石屏，有荆、关、董、巨之想。"乾隆初，高总制其倬，又分云水、雪月、浅绿、微黄诸目，是著色山水，滇中久有之，何罕传于江湖乎？今之所产，著色者亦多，山民采卖，赖以为利者千百人。其石色备五采，气若云水，较吴装画法，更浑脱天成，非笔墨所能，乃造化所成也。余到滇数年以来，所见不少，已如云烟过眼。又于到点苍时，张氏兰坡为余亲至石屋，选买数十幅，间有题咏，或持赠戚友，或儿辈乞去。又兰坡诸公在省肆买石，各请品题。余择其得古人诗画之意者，不假思索，随手拈出，口授指画，各与题识，付兰坡暨姪荫曾，或镌或记，半不忆为谁之石。否则，各石虽有造化之巧，若无品题，犹未凿破混沌。且记书画之书虽多，未创此格。余曾见宋元真迹数百种，亦未见此格也。其未经余见，而不得品题者，更不知几何。此亦如人才不遇知已〔己〕，殊可惜矣。

昔欧阳永叔、梅圣俞、苏子美、苏子瞻、范纯甫皆有《月石风林砚屏》诗，吟赏不已，是其意轫远于俗情。今之石胜宋石，更惜欧、苏诸公未见耳。

## （四）《大理石画"云台清晓图"记》

阮元

石宽八寸许，高六寸，天然云山。山下白云瀠然，云上有两峰，绿色，东峰锐，西峰平。其上如人力凿断半截，亦画家插崖法也，故酷似台。台西山路似桥非桥，似有人骑而来，将绕台南登台者。骑前似有鞬者，后似有抱琴者。东峰之下，似有山林红色，则初日欲升之影也。西峰之上，似有缺月，淡于晓岚之中，暗然而彰，与东上红光相对，是初死霸之月，如此乃与峰东之日光，有相距度数之理，在一百五十度间矣。石之背，则全是云气，无山。惟石微现红影，则石东之霞透背者也。予镌一诗于石背曰：

清晓登高台，山足白云静。初阳照东林，缺月淡西岭。红树已腾辉，青霞尚笼影。石友即画仙，为我写此景。

余画小象多矣，未曾画云台，即索画者为之，亦不能有云有台，有日有月，布景著色如此之天然亲切也。此外则小竹林茶隐石，能画"茶隐"二字之意，皆石画之仙者矣。

## （五）大理石屏记

### 李果

郭子书斋大理石屏一，质白而体洁，文如画，层峦叠嶂。中有峰五，突出崖际，林木深秀，浓绿欲滴。隔岸为平坡、为洞穴、为涧，而五峰尽处为沙渚。空处皆水，仿佛初秋景，题曰"秋山雨霁"。高二尺，广视高加四之一，以木制屏而嵌之，本金坛于氏物，藏二百余年。其后，有为县令者，亏帑金，杂他物鬻之，补库，遂流转归郭氏。考大理为滇南六诏地，点苍十九峰，红泉翠壁，多产此石。石文之奇怪者，烟云、山水、人物、龙虎、鸟雀、花卉，往往而有，然多模糊。要在观者以意得之，而此独明划，盖天地有至文，蕴之于内，人不易知，知之而得是理者，其文始见。

乃藏之于山，则奇不著。士之奇者，处山泽亦然。夫石奇而以俗工取裁之，则奇；士奇而不遇赏识，精神不吐，奇亦不见。嗟呼！独文石乎哉？于氏江南巨族，胜国时多名人，家富厚，屏尚有冬、夏及春景三，不知落何处？郭子言此石当天欲雨，重峦碧树，隐隐烟雨，扪之若湿，其神妙可知。已往商邱宋尚书有文石屏，不盈一尺，远山苍茫，下有捕渔人荡舟撒网，绝似黄大痴画，一时赋诗夸其异，较之此屏高下何如耶？雍正岁乙丑上元日见之，越明日听雨石间草堂，乃为之记。

## （六）《谢赵子容惠大理石屏风启》

### 章藻功

密处似疏，致疑牛喘，真成偶误，便作蝉弹，何如自有之文，恰得天然之趣。怪奇乃尔，米颠即已传神。雕镂奚为，何敝因而掩色。面秋山而背春水，又白云容漾其间，首玉案而尾金沙，维苍石毓钟于此。跋涉千万里之外，几费收藏，方广一二尺之多，便于位置。图书与友，知必忘尔汝之形，丘壑可人，欲尽废宋元之画。

## （七）《三石篇》

### 张佳印

大滇以西三巨石，错列荆榛对孤驿。文彩天开海岳图，面面晶光盈十尺。吁嗟此石生点苍，云谁置之古路旁。停车顾盼日将晏，仆夫语罢泣数行。往年天子新明堂，厥材万国争梯航。燕山之石白胜玉，何来此物劳要荒。守臣当日功名急，檄书夜飞入厮息。程途初不计山溪，男妇征雇无汉僰。鞭石难寻渤海神，凿山谁是金牛力。那许终朝尺寸移，积尸道上纷如织。中兴令主尧舜资，一苇圣德超茅茨。天门万里竟不知，几使滇南无孑遗。君不见旅獒古训老臣策，蒟酱虽甘亦何益。三石崯岈风雨深，千载行人增太息。

## （八）《大理石屏歌，为少傅刘公赋》

王士祯

少博〔傅〕堂中苍石屏，竦峙嵯峨高七尺。黝质离离光可鉴，六月苍茫起寒色。洞壑窈窕冰雪生，峰峦槎枒云物积。空中瀑布远欲飞，檐前雨雹晴相射。坐来恍忽秋天高，庐霍千峰在几席。我公家近三神山，丽农方大环青碧。黄扉坐论方促膝，却有闲情寄泉石。即今天威播南诏，爨僰昆明尽重译。点苍山色碧鸡云，移来天阙辞荒僻。由来汉相最承恩，中书直取屏风隔。

## （九）《石镜屏歌，并序》

李调元

石镜屏，罗江令云南杨古华先生园冕所藏也，出自大理点苍山。其圆如镜，白如月，中有黑云，突起一峰，似有人立于峰上。云气超忽，若近若远，甚可宝也。古华要余作歌，诗成遂以相赠。

古华学书学黄华，一笔一书皆如蛇。古华爱石爱老米，一邱一壑如追蠡。独有石镜如镜平，圆如月到十五盈。下为波涛上云雾，十洲三岛环蓬瀛。其中一峰危且岌，四面海水相滐潪。上有一人袒左肩，颇似吴刚持斧立。袖飘飘而吹风，足腾腾而乘空。忽不知其所往兮，亦不知其来何从。

主人徐为陈始末，此镜出自点苍窟。每逢八月月出时，直疑上下有二月。巧匠斫石比月皎，此诗更比石争巧。石不能言我代言，石愿共为天下宝。

## （十）《题大理石十首》

### 高其倬

南徼提封带百蛮，家家家在翠微间。点苍石最谙乡土，不绘平原只绘山。层峦叠嶂者。其一

林角才闻布谷声，东风早已促春耕。吹来朝雨仍吹去，更放前溪一崦晴。山雨初霁者。其二

峰峰拔地并千寻，肤寸生云便作霖。都入太虚容载内，天成变化付无心。群山杰立者。其三

记取风光何处宜，秣陵春色未晴时。谁知湿霭浓云里，中有梅花一万枝。雪意未晴者。其四

一白庐峰三百里，曾骑生马到其间。于今欲曳红藤杖，偎小屏风看雪山。雪峰千仞者。其五

几缕晴烟抹翠微，东皋岩壑是耶非。天涯自白年年鬓，绿遍乡山青又归。碧岫微烟者。其六

水清石瘦便能奇，恰是东坡居士诗。况复雨余云破处，更当江上月圆时。水石云月者。其七

白云横锁碧山深，似有仙源径可寻。拟觅渔舟问消息，且凭流水洗机心。云山有径者。其八

烧痕渐没草痕新，深碧轻黄染未匀。最是年光刚好处，溪山消息入初春。浅绿微黄者。其九

山影一痕眉倒晕，水光万顷练平铺。惠泉亭畔煎茶

后，忆得峰头看太湖。孤屿平湖者。其十

## （十一）《作石画记，并题》

### 阮元

画家能写景，妙与诗情通。人力不能到，始识天有功。北宋虢山石，幻出月与松。欧苏共题赏，画法拟毕宏。今之点苍山，石画出中峰。第九峰腰。溯画所自出，五色生山龙。今红绿透明者，出龙王庙洞内。昔惟白与黑，今更绿且红。分峦及开障，著色皆南宗。云霞绚采采，水月交溶溶。霜树渲其秋，雪林染于冬。画梅女字枝，画树点翠浓。画雨极雨势，兼挟雷以风。或耀金碧色，或示希微踪。苏题松石屏诗："上有希微踪。"或仿董北苑，或摹米南宫。近可及马夏，远或成浩全。品画各静妙，写句尤巧工。透光借灯照，滑泽涂腊烘。碌碌或如玉，星星真有铜。石内或磨出铜星，灼灼可见，各色皆铜气也。小屏立砚北，大幅悬墙东。收藏郁林船，江夜月贯虹。吴装非古派，其时值段蒙。何以石画法，皆与吴装同。苏黄作诗时，大理已赋侬。何于唐宋句，曲尽其形容。滇少诗画友，得友在石中。旧交久零落，叹息感于衷。岂无新交遊，自顾嫌龙钟。宜此特健药，书画之佳者，名曰"特健药"，与之相磨砻。更如与谈理，点头对生公。我固爱石友，石亦依云翁。

## （十二）《论石画》

### 阮元

古今诸画家，各自具神理。染烟复染云，画雪亦画水。至于日月情，能画者罕矣。惟此点苍石，画工不得比。

如日观峰、乌云红日、月中山影、相送柴门月色新诸幅。峰峦天水间，空气须远视。即使远可视，无迹谁能指。瀁然似渲渍，渲渍难到此。脱化有真神，浑融成妙旨。若画没骨山，门径从此启。宋元虚妙处，唐人已难拟。此石更妙虚，元著超超耳。始叹造化奇，压却绢与纸。

## （十三）《大理雪浪石屏，用苏公〈雪浪石〉诗韵》

阮元

大理石片如方立幅之画，一波翻白突起，似有矶激于其中，波上迸起浪花，浪花外水纹，又成黝绿青白色数层，皆具飞涛走雪之势。昔坡公云："余得黑石白脉，如蜀孙知微所画，石间奔流，尽水之变。"《画鉴》之孙知微"水石图"，一石高数尺，湍流激注，飞涛走雪。今此石颇似之，应亦名之曰"雪浪石"，置香雪斋中。

太行石画如云屯，人巧不到天工尊。花石纲残汴河冻，雪浪斋破寒云昏。苏公久别此石去，尚留铭字埋荒村。黑水梁州玉斧划，别有大理开国门。孙知微死八百载，点苍山里招其魂。画家粉本入石膏，诗人魄力通天根。飞涛向天学云白，古雪窖地变玉痕。片片幻出洱海浪，定州一卷非所论。况此翻澜激矶石，屏立不用苏斋盆。斋前梅花亦香雪，目击雪子吾道存。

## （十四）《大理石，拟元人四时山水小幅》

阮元

仿名家四时山水小景四幅，石质皆坚滑如玉。

其一，高五寸五分，宽一尺。上方绿色横山起伏有情，下有烟霞，青红二色，势亦起伏。题曰"春谷烟霞"，仿赵鸥波设色也。

其二，高八寸三分，宽七寸五分，中横赭色山，似有暑意。山上乌云横流，郁然含雨。题曰"夏岭蒸云"，拟高房山染法也。

其三，高八寸三分，宽七寸五分。下有坡树，中隔溪水，水外山村，色杂黄驳，具霖林之趣。题曰"秋山黄叶"，摹黄子久笔也。

其四，高九寸八分，宽五寸五分。主峰中立，皴染无多，而积雪甚厚，峰外雪气满天。题曰"寒峰晓雪"，用倪云林简笔也。

点苍山里石，画绘皆天生。乃不曰天生，翻云人画成。子昂与子久，二难何可并。房山力淳厚，倪迂多逸情。既谢缣楮质，岂许丹青争。春谷霞彩暖，夏岭乌云横。秋村有黄叶，冬雪晓未晴。设色尚非异，神韵入妙精。笔迹不可求，浑脱疑且惊。我纵各题品，未是扬其名。此物自不朽，造化诗无声。

## （十五）《题"仇池穴小有天"大理石屏，用杜工部诗韵》

阮元

正面横皴，山崖不多，中留一洞，极为清楚。背面略如画家开障之大钩，大钩之下即清虚，绝无皴染。及迎日光、灯光照之，则山形多现于夹层之中，洞影透漏于虚钩之下，颇非简笔，真老杜诗所谓"万古仇池穴，潜通小有天"也。《茅君内传》云："王屋第一洞天曰'小有清虚之天'。"即老杜所云"小有天"也。昔坡公在扬州得英石，因杜诗名之曰"仇池石"，享为希世之宝，此石似更得老杜诗意。

点苍云里石，王屋洞中天。杜老仇池意，茅君福地传。穴山潜见日，磨玉润生泉。万古清虚境，来吾尺砚边。

## （十六）《大理石仿古山水小册十六幅歌》

阮元

仿古山水小册二册，各八幅。八直八横，皆以七寸半、四寸半为度。就景题名，克肖诗画，各能精妙。八直幅：

（一）翠峰霞影。仿小李将军法，太白《卢〔庐〕山谣》"翠影红霞映朝日"。

（二）夕阳花坞。仿黄鹤山樵，杜彦之诗"花坞夕阳迟"。背面倒看，亦得"柳塘春水漫"之趣。

（三）湘烟渔晓。仿方方壶，柳柳州诗："烟销日出不见人，款〔欸〕乃一声山水绿。"背面有日未出、烟未销之意。

（四）山红涧碧。仿辋川着色，退之诗"山红涧碧纷烂漫"。

（五）天际乌云。仿大米法，蔡君漠〔谟〕《梦中诗》："天际乌云含雨重，楼前红日照山明。"背面青绿甚鲜，而画不入格，故不选。

（六）夕阳沉绿。仿鸥波设色，鱼玄机诗"夕阳沉沉山更绿"。

（七）峰阴凝紫。仿高房山渲染，少陵诗"紫阁峰阴入渼陂"，亦兼取王子安"烟光凝而暮山紫"意也。

（八）寒峰缥缈。仿营邱水墨，陆鲁望诗："左右皆跳岑，孤峰挺然起。因思缥缈称，乃在虚无里。"坡公诗云："缥缈营邱水墨仙，浮空出没有无间。迩来一变风流尽，谁见将军著色山。"

八横幅：

（一）江梅春渡。仿黄子久著色，用粉点梅花，杜必简诗："梅柳渡江春。"

（二）烟江叠嶂。仿王晋卿卷尾一段，晋卿和苏诗："晴云漠漠晓龙岫，碧嶂溶溶春接天。"背面倒看，更得烟江之趣。

（三）杉林茶焙。仿范华原密林法，皮鹿门《茶焙》诗："九里共杉林。"杉林，焙名也。

（四）石壁烟虹。仿夏禹玉劈法，张燕公诗："石壁淡烟虹。"背面合"返照入江翻石壁"之景。

（五）窗纳遥青。仿曹云西，孟东野诗："开窗纳遥青，遥青新画出。"

（六）云深采药。仿梅花道人，贾浪仙诗："只在此山中，云深不知处。"

（七）翠微黄叶。仿郭河阳，和靖诗："村落〔路〕飘黄叶，人家湿翠微。"

（八）双峰立雪。仿马一角，东坡《雪》诗："试扫北台看马耳，未曾埋没有双尖。"

点苍石画画者谁，造物不以心为师。模山范水有古意，半出唐宋诗人诗。诗中妙景即画本，唐宋元画成派支。小李大米马一角，房山鸥波黄大痴。水墨虽变金碧法，吴装设色今方滋。研磨丹赭捣青绿，匀和粉墨调燕脂。石髓如泥任搏造，更如学杜得骨皮。化工心力在于此，余事付与人间为。但见匠人割取怪石出，问以诗画瞠不知。化工得意辗然笑，文章天成乃尔偶得之。烟销日出柳州句，山红涧碧昌黎辞。双尖白雪埋马耳，夕阳绿黛吟峨眉。集此小册十六幅，宛然手笔新淋漓。石可共语索题句，幅幅幼妇韩陵碑。既为特健之古药，亦非宓机之绢丝。反惜古人不见此，收藏鉴赏今何迟。君不见洱海苍山中有诗画窟，一经拈出多神奇。我所不见更什百，拙工横割大可悲。所以自古才人恨不遇，毕宏韦偃死犹发巧思。若使欧苏选石如选士，世间佳器应无不遇时。永叔蓄松石屏，令东坡赋诗曰：我恐毕宏韦偃死葬虢山下，骨可朽烂心难穷。神机巧思无所发，化为烟霏沦石中。古来画师非俗士，摹写物象略与诗人同。顾公作诗慰不遇，无使二子含愤泣幽宫。

### （十七）《"四更山吐月"石画砚屏》

阮元

北宋有虢山月石屏，欧阳永叔、梅圣俞、苏子美皆为诗。苏子瞻又以月石研屏、涵星砚赠范纯甫，亦倡和有诗。《东坡志林》又云："月石屏真者必平。"然则彼时有赝而不平者。此石山云蒙笼，弯月初上，非弦非眉。余以杜少陵

"四更山吐月"句题之，不谓之四更不可也。

两山揖主客，让立虚其中。烟云不分明，夜色寒满空。梦醒看山影，有月生于东。不知夜何其，但见弯月弓。拟弦则未满，比眉乃又丰。若是三更夜，当与弦相同。若是五更尽，眉将细朦胧。四更山吐月，杜老句恰工。何以苍山仙，画与杜句通。暗然尺幅里，赭墨情浑融。清辉出峰上，稍有轻云笼。月石必有诗，雅意思醉翁。古今师友间，谁复如坡公。还思屋砚侧，月石双屏风。

## （十八）《题点苍山"画仙人石画象〔像〕"》

阮元

仙之人兮多如麻，谁知点苍山里有画家。人间山水画不尽，并画雨雪烟云霞。更将片石自画像，吾忽得此诧且嗟。仙人双目睛炯炯，体胖衣博如袈裟。手抉石髓白如玉，丹青六法相纷拏。能役甲丁使出力，缚束魑魅皆无邪。石后负肩一力士，宛然靴袴兼鞭鞁。又有一人摅掌立，顶上冠似青莲花。最后小鬼具手眼，似亦助力非揄揶。此乃仙人现身处，岂争董巨荆关夸。若非神巧能造物，安得炼五色石如皇娲。

点苍山石具四代画法，百种色泽，故余谓非仙人不能。此石方不满尺，中有一老人，远望则面长多须，分向或似右睨，近视则成仰面左则〔侧〕向石之像，手抉白石，似作画者。两目炯然，有黑白睛〔睛〕。有口鼻，髯不长而白，发遮右耳，头有软巾乖〔垂〕于肩，体胖而衣深，皆绿色。膝以下在青云中。手色白，手之下似有丁甲小神欹肩抵石，两难〔靼〕及复衣甚明晰。其后又似有鬼神者二，亟宝藏之，以志奇幸。

## （十九）《点苍山中画仙人歌》

阮元

我谓点苍山里有画仙，画仙之妙胜画禅。真宰上诉玄又玄，毛锥下掷山为穿。丹青水墨成山川，变幻雨雪挥云烟。幅幅皴染色泽鲜，大小册幅佳者千。仙人成仙在何年，唐宋以后明之前。如谓吾说或不然，何以宋元各家画法天然全。吾见王齐翰，吾见展子虔，其画古拙剧可怜，那如董巨赵黄相后先。石中画笔神而圆，若非仙力何能焉。滇山宝藏铸货泉，谁题六法夸一拳。独有仙人炼石苍山眠，得以文章妙手成其天。访仙不见非无缘，眼前画石皆偓佺。此山少遇唐宋贤，不以诗传以画传。我来选石滇馆边，手记真迹成一编。君不见大痴伯雨升仙仙，黄大痴、张伯雨皆有升仙之说 当有仙风道气通琅嬛。

## （二十）《"快雪时晴"石画砚屏》

阮元

今年天旱寒，初冬雪已快。三夜白盈尺，及晨寒气杀。开轩天乍晴，朝阳满窗晒。忽忆时晴帖，合此石中画。摩挲雪林图，玉烟透光怪。狄家古石屏，诗留山谷派。晋帖及苏题，一段好诗话。若更评丹青，应下米颠拜。

石屏上有翠林，下有雪气，左方又有初阳，红色照日透明，雪气盎然。昔狄咏有雪林石砚屏，东坡诗有"风花乱紫翠，雪分有烟林"之句，山谷和诗，亦有"翠屏照砚滴，明窗玩寸阴"之句。此石余既刻"雪林"二字拟之，又摹"快雪时晴"字于上方，翠林画意，酷似东坡诗意。

　　丁酉十一月三日　雪晴玩题。


　　《万石斋大理石谱》终。

# 附　录

## 万石斋观石

### 龙媒张元骥

岭南江南产奇石，多入武清张侯室。张侯宝之胜珠玉，俗人不解甘弃失。或顽或灵皆足贵，良朋相与唱和密。主人坦荡敦诗书，品学浊世无其匹。寻常有酒即饷客，举杯淋漓性豪逸。群石之妙妙无穷，疑从米颠袖里出。

## 轮远招观所藏石，斑驳陆离，叹未曾有，爰赋一律为赠

### 星槎卓炜

寓意何妨留意非，一拳耽玩欲忘机。检来山骨千丸富，移到云根四座围。玉局诗笺比调叠，南宫墨法爱霏微。梦中还作余杭守，玛瑙坡头把一麾。

## 偕云孙、一菴、一桐过万石斋，得尽窥所藏，
## 轮远留饮，赋此为谢

### 卓沄程庆章

一跌甲已坼，相要看嘉石。来扣万石斋，主人方迓客。开缄出所蓄，珍品纷罗列。殊形与诡状，云自灵岩得。娲皇欲补天，炼之成五色。生公为说法，顽能空万劫。翠屏环四面，天划神镂刻。灵鹫十九峰，峰峰皆奇绝。既览精室藏，复叩过具设。人似竹林贤，世鲜米颠癖。相与餍郇厨，

一笑舒筋骨。

## 轮远富藏石，珍奇咸备，爱仿白香山一字至七字诗，以石字为题，赋成二什为赠

### 一庵李国瑜

石，方金，拟璧。草木形，龙马迹。能醒宿酒，曾载归舶。髯苏吟雪浪，颠米拜袍笏。雨花斜照绚彩，点苍暮云浮碧。坚贞攻错等他山，千万名斋追往籍。

石，一拳，万笏。贱瑯琚，轻拱璧。写真制图，嗜旧成癖。宋范成大《嘲峡石》诗："我本一丘壑，嗜石旧成癖。"或藏有鱼尽，或纤如凤鸟。新诗霜叶题红，古剑苔花绣碧。宋林通《洞霄宫》诗："剑石苔花碧"短古谁同双井黄，别裁我愧香山白。

## 轮远爱石，藏石甚夥，寓斋招饮，尽览所藏，因赋短章

### 啸秋李鸿文

吾友有张子，论交廿年前。案牍同劳瘁，道义相摩研。君有爱石癖，石谱手自编。嘉招素心侣，良辰启樽筵。宾主两脱略，觞咏擘吟笺。室名万石斋，萧闲若散仙。满目尽琳琅，如登米家船。五色蕴异彩，休嫌小如拳。斓斑光陆离，摩挲意悠然。点头真欲语，瘦骨有谁怜。衔之可填海，炼之能补天。娲皇补天功，茫茫果何年。予与君订交，俨若石之坚。君之能益我，如石攻错焉。羡君结石友，三生缔宿缘。袍笏米颠拜，仰止忆前贤。倘能招偕隐，岩阿漱石泉。敲棋扫石坐，醉后枕石眠。长此伴泉石，好参上乘禅。

## 丁亥闰春，轮远邀观藏石，赋赠

### 一桐张豫骏

盛年悬车恋岩壑，和陶仿米息鹏翮。万石星罗碧琳腴，泼眼春光酣小阁。一拳绹透迥轶群，屏峦瀜郁洱海云。浇季雨云翻覆手，失喜结隣得石友。

## 过轮远学长万石斋

### 凤孙顾训贤

杂佩秋园记未删，陈定生《秋园杂佩》聊聊十数条，殆删余之本，而记灵岩石子最详。灵岩想见隔江山。六合与金陵一江之隔。偶从万石斋中过，花雨缤纷五色殷。其一

松坞祠堂石子岗，旧时马鬣惧终荒。先世赐莹距石子岗不远，有松坞草堂。兵兴以来，久缺祭扫。料知今日天难补，且伴高人学坐忘。其二

## 题张轮远先生石屏

### 轶伦杨鸿飞

山骨云根刻意搜，高人端合石为俦。倦飞一自归来后，供向斋中当卧游。其一

插石为屏供案头，天然妙画此中收。化工果比人工巧，幻出奇峰景绝幽。其二

短屏漫说小于拳，隐隐峰峦似接天。欲学米颠来下拜，几回低首石兄前。其三

## 百字令 轮远招饮观石

### 君素姚训祺

米颠下拜看奇峰，左右墨床笔格。博浪椎春令渐老，

学道重寻黄石。眼底烟云，胸中邱壑，南面何能易。自修清课，翛然独坐虚室。

今夕俊侣招邀，品题皱瘦，相对还浮白。劫后摩挲增感喟，仍是天然色泽。龙卵憎圆，骊珠谢润，一笑同怀璧。鹤经花叟，逊他加意铨释。

### 赠万石斋联 赠联共二百四十二副，因篇幅限人谨录八联

杜步尘

胸有千秋，一楼卷轴纵横，到眼已遭千劫后；

斋罗万石，四面岗峦环抱，此身如坐万山中。联一

临东壁以畅怀，洗砚烹茶，朝曦初上；

倚南窗而寄傲，枕书卧石，午梦方酣。联二

与石结良缘，万叠云山同磊落；

以闲为自在，一楼风月助清高。联三

气象阴晴，峥嵘互竞千岩秀；

风云缥渺，咫尺真如万里遥。联四

近视远观，眼底云烟都是幻；

瞑心闭目，胸中丘壑自成春。联五

不车不舟，云游万里；

非仙非佛，石证三生。联六

齐物乐天，庄周元亮；

放颠好洁，海岳云林。联七

此地有山皆入画；

一楼无处不存书。联八

# 雨花台奇石记

省三解翔藻

物以希而见珍，以远道钩致为非常获。若夫取之无禁，挹之不竭，晨夕共睹，以为无奇焉者，虽日睨其旁而弗顾也。而巍奇绝特之珍，沉霾弃掷于庸耳俗目者为不少矣。然其为宝固无恙也，彼不求庸耳俗目之激赏，以庸耳俗目不足为宝之重轻。其精华绝不沉没，终弗自致于远道，而遇其赏音。而人之获而珍之也，如尊夏鼎，如宝和璞，至其把玩不释，虽以连城重值，日眩于前，如未闻未见者，庸俗不足论。物有足珍而得其珍之者，即谓以希以远，犹未为知言已。

张君轮远，振奇人也，还自金陵，纪其名胜，为遊记，为诗歌，更携雨花台锦石以饷知交。其为状也，大如胡桃，小仅如棋子。白者如玉，黑者如漆，赤如珊瑚，黄质黑章者如玳瑁，其深碧而光湛然者，则如浮翠羽。沉之水，莹然琇然，陆离光怪，璀璨夺目。观者心悸神炫，莫敢逼视。有得于中，相与笑乐。人各欲罄其心所欲言，而莫之能名。夫尤物移人，至于欢喜赞叹而莫能名焉者，其斯乃物之神秘，质之绝特瑰异，宝贵之不足为侈者欤。夷考金陵于禹域为扬州，当年任土作贡，曰"贡金三品"，曰"瑶琨、竹、箭"，兹石其瑶琨耶？不能强名之。要其见知于君，而引为知已〔己〕，则吾敢为兹石庆也。昔人谓湘潭山水，育灵隐秀，秘天地之藏者，殆数千百年，一遇柳州，而显名天下后世。君其斯石之柳州欤？吾因之有感矣，人物信于所知，而诎于所不知，斯石且然矣。士有韬光匿采，而诎于庸耳俗目者，其自处宜何如哉？是为记。戊午小阳月既望志。

## 拜石记

#### 刘云若

　　上星期六、日，应张轮远兄之约，赴其寓楼观石。同往者有刘云孙、李一厂、程卓云、姚灵犀、张异同诸兄。轮远兄为司法界名人，而嗜石成癖，所藏为大理及雨花两种。余本僻陋，而所见佳石，亦殊不鲜。今见轮远佳品，如久涉培塿者初入喜马拉雅山，如久航内河者乍入太平洋，始知过去所见不值一笑。盖天地奇气、山川秀气之钟毓于石者，轮远尽蒐而收之。几疑天下奇品，尽集于是。雨花石色彩鲜丽，组织奇妙，约有千余粒，皆鬼斧神工，美难条举，使人目眩神迷，摩挲不忍释。闻近年雨花台石源已竭，得者殊鲜，而金陵王气亦暗然而收，政府似宜迁都于北平矣主张迁都北平者似可据此为理由之一。大理石则尤洋洋大观，平生所睹无此奇。石在三楼小室中，明窗四敞，足以吐纳烟云，为之供养，大小约近百方。即最下者，已为豪家厅堂中所不数觏，尤妙者为多尔衮遗石。桃源洞口，渔人独入，意境幽逸，形态宛然，且腹背两面各一景，绝不相同，诚尤物也。鹦鹉石一，则鹦鹉立石上，毫发毕肖，造物无心，竟成此妙。其余或如米家山水，雾晕烟涵，或如云林小品，山深树古。若历数其美，恐非专书不得尽。余亦只有俯首顶礼，如登泰山观东海日出，惊为天地奇观，目可得见，口不得言也。忆《石林燕语》云："米芾知无为军，见立石颇奇，即命取袍笏拜之。"余见石亦欲拜，惜无袍笏耳。《世说新语补》云："米元章守涟水，地接灵壁，蓄石甚富。一一品目，入玩则终日不出。杨次公杰为察使，因往廉焉，正色言曰：'朝廷以千里郡邑付公，那得终日都不省录郡事。'米于左袖中出一石，嵌空玲珑，峰峦洞穴皆具，以示杨曰：'如此石安得不爱？'杨殊不顾。乃纳之袖中，又出一石，叠嶂层密，奇巧更胜，又纳之袖。最后出一石，尽天神划镂之巧，顾杨曰：'如此石安得不爱。'杨忽曰：'非独公爱，我亦爱也。'即就米手攫得之，登车径去。"余亦欲为杨次公，奈无石不佳，皆令人安得不爱。且坐上皆法界名流，欲攫而不敢耳。观石既罢，复下楼谶饮，肴核精美，不意眼口之福，得饱于同时同地。席间，云孙兄谓前于星期六见鲜花庄，拙作《酒后无德颂》，爱其趣至，曾为咏诗一首，并出稿相示。余拜读之下，觉俊逸清新，不愧吟坛领袖。丞攫得录刊鲜花庄，以光篇幅。宴罢轮远兄出名笺，索诗留念。余近日见酒食则肠胃大开，为诗文则心肠枯涩，愧未能走笔于当时，只可拖债于异日。怀笺而归，夜作《拜石记》，以志奇遇。

# 《万石斋灵岩大理石谱》跋

　　余客津有年矣，赁庑于墙子河西联兴里，与轮远为邻，甚相契也。后轮远他徙，丙戌春，复见于庆华里。贵阳李一菴亦与之善，一菴隐于酒，轮远癖于石，友人陈诵洛谓予老尚耽诗。三人时相晤对，每酒酣谈艺，玩石论诗，烛烬灯阑，相与酣嬉，淋漓颠倒而不厌，且不顾人之厌之也。轮远旧有《灵岩大理石谱》之作，久未成书。尔来风鹤频闻，蹙蹙靡骋，因重事排比编列，予暨一菴及于君寄因，有时代为校订，遂获杀青，并以聚珍排印。或谓当此时，高材捷足，与夫蹶张伖飞，何途不可奋迹，而子独急急于无益之事何耶？远曰："余之嗜石、谱石，盖有慕于东坡、襄阳及《素园》《云林》之所为。等诸一菴之'唯有饮者留其名'，云孙之'诗卷长留天地间'之意，自乐其乐，人言所不计也。"远之为人，介而通，韫而明，质而文，涅不缁而磨不磷，性与石近。此谱非独自乐其乐，盖所以适性也。书将印成，远嘱为跋尾，爰述其经过，并远之自言如此。至此谱考证搜罗之精到美富，同人所有序记、题咏，言之甚详，故不复赘云。

　　戊子十一月十三日，七十四叟永清刘云孙识。

# 张轮远附启

　　本书草草而成，经友好督促，勉强付印。加以学识未充，所有论列多凭管蠡见之，谬误自知难免。海内贤达有同好者，若能不我遐弃，为之指正，则幸甚矣。

　　赐函请寄天津十区岳阳路庆华里四号张寓。

## "南京稀见文献丛刊"
### 已出书目

14. 《金陵世纪·金陵选胜·金陵览古》

                                                   (明)陈沂;(明)孙应岳;(清)余宾硕

15. 《后湖志》　　　　　　　　　　　　　　　　　　(明)赵官等

16. 《金陵琐事·续金陵琐事·二续金陵琐事》　　　　(明)周晖

17. 《客座赘语》　　　　　　　　　　　　　　　　　(明)顾起元

18—20. 《金陵梵刹志》　　　　　　　　　　　　　　(明)葛寅亮

21. 《金陵玄观志》　　　　　　　　　　　　　　　　(明)葛寅亮

22. 《留都见闻录·金陵待征录》　　　　　　(明)吴应箕;(清)金鳌

23. 《板桥杂记·续板桥杂记·板桥杂记补》

             (明末清初)余怀;(清)珠泉居士;(清末民初)金嗣芬

24. 《建康古今记》　　　　　　　　　　　　　　　　(清)顾炎武

25. 《随园食单· 白门食谱· 冶城蔬谱· 续冶城蔬谱》

       (清)袁枚;(民国)张通之;(清末民初)龚乃保;(民国)王孝煃

26. 《钟山书院志》　　　　　　　　　　　　　　　　(清)汤椿年

27. 《莫愁湖志》　　　　　　　　　　　　　　　　　(清)马士图

28. 《秣陵集》　　　　　　　　　　　　　　　　　　(清)陈文述

29. 《摄山志》　　　　　　　　　　　　　　　　　　(清)陈毅

30. 《抚夷日记》　　　　　　　　　　　　　　　　　(清)张喜

31. 《白下琐言》　　　　　　　　　　　　　　　　　(清)甘熙

32. 《灵谷禅林志》　　　　　　　　　(清)甘熙、谢元福,(民国)佚名

33. 《承恩寺缘起碑板录· 律门祖庭汇志·扫叶楼集·金陵乌龙潭放生池古迹考》

      (清)释鹰巢;(清末民初)释辅仁;(民国)潘宗鼎;(民国)检斋居士

**34.** 《教谕公稀龄撮记·可园备忘录·凤叟八十年经历图记》

(清)陈元恒,(清末民初)陈作霖;(清末民初)陈作霖,

(民国)陈祖同、陈诒绂;(清末民国)陈作仪

**35-37.** 《南京愚园文献十一种》　　　　(清)胡恩燮,(民国)胡光国 等

《白下愚园集》　　　　　　(清)胡恩燮等,(民国)胡光国

《白下愚园续集》　　　　　(清)张之洞等,(民国)胡光国

《白下愚园续集(补)》　　(清)潘宗鼎等,(民国)胡光国

《愚园宴集诗》　　　　　　　　　　　(清)潘任等

《白下愚园题景七十咏》　(清)胡恩燮,(民国)胡光国

《愚园楹联》　　　　　　　　　　(民国)胡光国

《白下愚园游记》　　　　　　　　　(民国)吴楚

《愚园题咏》　　　　　　　　　　(民国)胡韵蕖

《愚园诗话》　　　　　　　　　　(民国)胡光国

《愚园丛札》　　　　　　　　　　　　佚名

《灌叟撮记》　　　　　　　　　　(民国)胡光国

**38-39.** 《金陵琐志九种》　　　(清末民初)陈作霖,(民国)陈诒绂

《运渎桥道小志》　　　　　　　(清末民初)陈作霖

《凤麓小志》　　　　　　　　　(清末民初)陈作霖

《东城志略》　　　　　　　　　(清末民初)陈作霖

《金陵物产风土志》　　　　　　(清末民初)陈作霖

《南朝佛志寺》　　　　　　(清末民初)孙文川,陈作霖

《炳烛里谈》　　　　　　　　　(清末民初)陈作霖

《钟南淮北区域志》　　　　　　　(民国)陈诒绂

《石城山志》　　　　　　　　　　(民国)陈诒绂

| | |
|---|---|
| 《金陵园墅志》 | (民国)陈诒绂 |
| 40—41.《秦淮广纪》 | (清)缪荃孙 |
| 42.《盋山志》 | (清)顾云 |
| 43.《金陵关十年报告》 | (清末民国)金陵关税务司 |
| 44.《金陵杂志·金陵杂志续集》 | (清末民初)徐寿卿 |
| 45.《新京备乘》 | (民国)陈迺勋,杜福堃 |
| 46.《金陵岁时记·岁华忆语》 | (民国)潘宗鼎;(民国)夏仁虎 |
| 47.《秦淮志》 | (民国)夏仁虎 |
| 48.《雨花石子记》 | (民国)王猩酋 |
| 49.《金陵胜迹志》 | (民国)胡祥翰 |
| 50.《瞻园志》 | (民国)胡祥翰 |
| 51.《陷京三月记》 | (民国)蒋公毅 |
| 52.《总理陵园小志》 | (民国)傅焕光 |
| 53.《金陵名胜写生集》 | (民国)周玲荪 |
| 54.《丹凤街》 | (民国)张恨水 |
| 55.《新都胜迹考》 | (民国)周念行,徐芳田 |
| 56.《金陵大报恩寺塔志》 | (民国)张惠衣 |
| 57.《万石斋灵岩大理石谱》 | (民国)张轮远 |
| 58.《明孝陵志》 | (民国)王焕镳 |
| 59.《冶城话旧·东山琐缀》 | (民国)卢前 |
| 60.《首都计划》 | (民国)国都设计技术专员办事处 |
| 61.《总理奉安实录》 | (民国)总理奉安专刊编纂委员会 |
| 62—63.《总理陵园管理委员会报告》 | (民国)总理陵园管理委员会 |
| 64.《新南京》 | (民国)南京市市政府秘书处 |

65. 《京话》        （民国）姚颖

66. 《南京概况》     （民国）书报简讯社

67. 《骆博凯家书》    〔德〕骆博凯

68. 《外人目睹中之日军暴行》 〔英〕田伯烈

69. 《南京》 〔德〕赫达·哈默尔, 阿尔弗雷德·霍夫曼

194